Tagesreste:

Erlebtes, Erträumtes und Erlesenes,

und etwas Flötenmusik

Franz Rothe

Word Art Publishing
9350 Wilshire Blvd
Suite 203, Beverly Hills, CA 90212
www.wordartpublishing.com
Phone: 1 (888) 614 – 1370

Published by Word Art Publishing.

ISBN: 978-1-955070-22-5 (Paperback)
ISBN: 978-1-955070-23-2 (Hardback)
ISBN: 978-1-955070-24-9 (eBook)

Contents

Vorrede

Charlotte, October 13, 2021

Dieses ist ein Büchlein zur Unterhaltung. Dazu passt dass es aus einer fast vergangenen Zeit stammt, bevor die Katastrophen von Pandemie und Flut und Feuer noch schlimmer als je zuvor zugeschlagen haben. Die Freiheit für etwas so belangloses wie dieses Büchlein fehlt nun. So ist für die letzten zwei Jahre mein Gedankenaustausch verstummt.

Beim Wiederlesen der unachtsamen teils verlorenen Notizen die vor nun schon längerer Zeit an Verwandte und Klassenkaramaden gesandt worden waren, ist mir die vielfache Bereitschaft zur Antwort wieder aufgefallen. Im Ruhestand wegen meiner Sehschwäche, war mein Interesse an Literatur wieder erwacht, und der Austausch erschien lohnend. Im Rückblick darauf ist dieses kleine Bändchen doch noch zusammengekommen. Mein herzlicher Dank geht an alle Beteiligten und insbesondere Hans-Peter für seine ständige Aufmerksamkeit.

Part I

Erlebtes, Erträumtes und Erlesenes

I.1 Erste Einfälle, zumeist heiter

I.1.1 Meine Katze

Während ich den Klappentext,
der sich weltbewegend gibt,
mit dem Computer kopiere,
kippst du mit der Vorderpfote das Glas Wasser auf dem Tisch um.
Ich muß lachen.
Du ziehst dich auf den Pappkarton in der Ecke zurück,
wendest mir den Rücken zu.
Ein schwarzer Streifen schwarzes Fell,
rechts und links davon, etwas unregelmäßig, blendend Weißes.

Wenn ich den schwarzen Fleck auf deiner rechten Hinterpfote sehe,
nur der rechten, erneuert sich meine Liebe von selbst.
Du magst nur das billige Dosenfutter und leckst an den Teppichfasern.
Hast schon zweimal gekotzt.
Die roten Flecken auf meinem Arm,
wirst du morgen früh wieder beissen?

I.1.2 Eigentlich ein Spaziergang

Bei dem Hilton Hotel fünf Autominuten von meinem Haus ist ein hübscher künstlicher See angelegt. Der Ort ist zur Erholung beliebt und wird von vielen Joggern, Tretbootfahrern und Spaziergängern aufgesucht. Nun sind die Grundstücke an einem Ufer verkauft worden und sollen neu bebaut werden. Ein hoher Maschendrahtzaun von der Strasse bis zum Ufer trennt das Gebiet ab. Die alten Gebäude dahinter werden abgerissen. Neulich fuhr ich wieder dorthin um zu sehen ob wenigstens eine Tafel mit Information über den jetzigen Bauherrn aufgestellt ist.

Mir fällt unterwegs ein dass ja noch meine drei Zimmerpflanzen bei dem kleinen Shop nebenan zur Aufbewahrung sind, wegen meiner Reise vorletzte Woche. Ich fahre hin um die Pflanzen abzuholen. Beim Betreten des Ladens sehe ich wie eine Kundin gerade ihre Pflanze in Empfang nimmt und mit 20 Euro bezahlt. Ich gebe der Bedienung meinen Zettel. Sie bringt einen Pappkarton, an dessen Rand ich meine drei Pfanzen in Plastikhüllen gequetscht erahnen kann. "95 Euro". "Aber es kostet doch nur 20 Euto pro Pflanze". "Aber Ihre Pfanzen waren im öffentlichen Raum und stark beschädigt". Noch während ich erklären will dass sie die Pflanzen beschädigt hat, wühle ich schon in meiner Geldbörse. Da sind nur 20 Euro Noten. Ich will ihr fünf Noten geben. "Das kostet noch 20 Euro Wechselgebühr zusätzlich". Wieder wühle ich. Da sind plötzlich viele 1 Euro Noten, Sie sind etwas kleiner, ganz abgegriffen und schwarz mit altertümlichen Schnörkeln bedruckt. Sie will sie nicht. Ich suche und suche. Ein Wind kommt auf. Der ganze Kiok fährt und ich darin sitzend, dazu noch ohne Dach. Ich lege die Noten sortiert auf mehrere Haufen etwas vom Luftzug geschützt. Das ist eine 150 Euro Note und etwas neuere schwarze 15 Euto Noten. Ich habe sie vorher noch nie gesehen.

Mit einigem Zählen kann ich vielleicht der Summe näherkommen. Der Kiosk fährt immer weiter, an einigen Bäumen vorbei. Nach fünf Minuten geht die Fahrt rückwärst, hoffentlich zurück. Ich stecke einen dicken Packen von 1 Euro Noten in einen Beutel. Dann die anderen Noten in einen anderen Beutel bevor alles Geld weggeweht wird. Nach dem Bezahlen verlasse ich den Kiosk mit den drei Pflanzen und suche mein gelbes Auto. Nie mehr werde ich diesen Kiosk betreten.

Ich muss mein Auto wenden. Das geht nur wenn ich da einen kleinen Weg hineinfahre. Am Ende ist ein Platz mit Kies- und Sandhaufen. Nun sehe ich dort viele Kinderautos. Die Kinder fahren fröhlich die Kies- und Sandhaufen hinauf und hinunter. Da ist kaum Platz um mein Auto sicher zu wenden. Ich steige aus und ziehe das Auto von Hand mit dem Abschleppseil mehrmals hin und her. Schliesslich ist das Auto gedreht und ich könnte den Kiesplatz fast verlassen.

Da kommt ein Vierjähriger auf seinem Spielzeugauto angefahren und stellt sich vor mein rechtes Vorderrad. "Könntest du bitte eben beiseite fahren" "Das hier ist unser Spielplatz". Der Junge ist aufgestanden und fällt mit dem Spielzeugauto um, direkt vor meinen Rädern. Mit Hilfe des Abschleppseils muss ich mein Auto wieder zurück- und noch mehrmals vor- und zurückziehen. Das klappt glücklicherweise.

Ich bin nun zu Hause angekommen und will noch meine Füsse waschen. Vor dem Waschbecken mit nassen Füssen suche ich ein Handtuch. Nur im Schrank nebenan ist noch ein Trockenes. Die Katze liegt malerisch hingesteckt zu meinen Füssen auf den Steinfliessen. Ich kann keinen Schritt tun.

I.1.3 Die Katze ist verletzt

Meiner Katze geht es immer noch schlecht. Sie kommt gerade, setzt sich auf die Tastatur, fragt mich was ich da tue. Sie will auch auf meinen Schoss. Ich kann fühlen dass sie wieder Fieber hat. Die böse Wunde am linken Hinterbein kann ich jetzt sehen. Sie heilt immer noch nicht gut. Alles ist letzten Dienstag geschehen. Die Strassenbauarbeiten haben sie wohl so geschreckt dass sie durch ein Fenster mit zerbrochenem Glass in ein unbewohntes Haus in der Nachbarschaft gesprungen ist? Das geschah jedenfalls letzten Dienstag Morgen. Am Abend habe ich sie wieder gesehen, aber noch nichts von der Verwundung gewusst. Das gab einen bösen Kratzer zur Begrüssung.

Seit einer Woche lebt das Tier nur noch im Haus bei mir. Wenn sie gesund wäre hätte sie mich schon längst geplagt und so lange miaut bis ich das Fenster aufmache und sie wieder für den Tag, manchmal zwei einfach weg ist. Wann kommt ein solches Leben wohl wieder.

Jetzt ist ihr Unfall gerade acht Tage her. Nachdem ich heute morgen vom Kaufmann zurückkomme ist sie verschwunden, dabei war doch am Küchenfenster nur oben ein kleiner Spalt offen.

I.1.4 Plato und die Sklaverei

Der Professor hat eine halbe Stunde lang doziert. Nun sind beide Wandtafeln vollgeschrieben. Er nimmt den Wischlappen zur Hand und zögert. "Im Alten Athen wäre da nun ein Sklave der die Tafel wischt". Es ist ihm so rausgerutscht.

"Übrigens, wisst ihr dass Plato dreimal nach Sizilien gesegelt ist, in der Absicht dort einen idealen Staat zu gründen? Beim dritten Mal trifft er auf den Tyrannen Dionysos. Manche Historiker sagen, er hatte versprechen müssen zurüclzukommem. Gerade hat er dem Tyrannen sein Vorhaben erklärt.

"Du sagst mir also dass in deinem Staat jeder Mann und jede Frau die Arbeit tut für die sie am besten geeignet sind." "Ja, Herr Dionysos". "Na lass mal sehen". Der Tyrann tritt näher an Plato heran und fasst ihn ein bischen am Oberarm. "Gesunder Kerl, kräftige Muskeln!". Er holt aus:

"Da trifft es sich ja genau richtig dass morgen früh mein grosser Sklavenmarkt eröffnet wird. Wasserträger werden in meiner blühenden Ökonomie dringend gebraucht. Wir werden dich gleich am Eingangstor rechts anbieten. Glänzende Verkaufsaussichten! Und noch bevor die Sonne gen Mittag steht, brauchst du keine Liegestütze mehr zu machen. Dann kannst du etwas Nützlicheres tun."

Und ob Platos Freunde nun gleich hinter der Tür zugehört hatten und ihn befreien konnten, oder ob sie Plato erst am nächsten Morgen auf dem Sklavenmarkt freigekauft haben, das ist nicht überliefert. Auf jeden Fall haben es Plato und seine Freunde geschafft, nach Athen zurück zu segeln. Und erst nachdem sein Versuch einen idealen Staat zu gründen ein drittes Mal gescheitert war, hat er in Athen die Akademie gegründet. Daraus wurde die erste Universität.

"Und hat er danach weiterhin die Sklaverei befürwortet?" fragt ein Student in der letzten Reihe. "Es ist ja so weniges sicher überliefert. Aber ich glaube ja." antwortet der Professor und beginnt die Tafel zu löschen.

I.1.5 Werde Klempner!

Es war einmal ein Professor für Mathematik. Es ging ihm auch recht gut, bis auf eine Kleinigkeit die ihn zu Hause störte. Alle Wasserhähne tropften und tropften. Er hatte schon so manche freie Stunde vergeudet und versucht es selber zu beheben, nun hatte er es satt und rief einen Klempner. Der konnte den Mangel auch recht schnell beseitigen, zur Zufriedenheit des Professors. Jedenfalls bis der Klempner dann schliesslich auf seinen Notizblock einige fast unleserliche Zeichen und Zahlen kritzelte und den Zettel dem Professor reichte. Der schaute darauf und war entsetzt. "Das ist ja ein Drittel meines Monatsgehalts." Herr, dann kommen sie doch zu uns und werden Klempner." Der Professor fand den Vorschlag erwägenswert. "Nur eines muss ich Ihnen noch sagen. Die Meister bei uns mögen keine gebildeten Lehrlinge, und nehmen sie oft gar nicht. Also sagen Sie am besten dass Sie nur sieben Jahre Volksschule haben."

Der Professor geht entschlossen zum Lehrmeister. Der Trick mit den sieben Jahren Volksschule hat gewirkt. Nun geht er dreimal die Woche in die Klempnerlehre. Er kann schon Gewinde schneiden und sogar die Dicke eines Rohres hat er richtig gemessen. Bald ist die Gesellenprüfung bestanden. Das neue Leben winkt mit bald mehr Geld. Und das bringt Vorteile.

Aber nach einem Jahr ergibt sich ein weiteres Hindernis. Die Innung der Handwerker von North Carolina hat beschlossen: alle Handwerker sollen besser gebildet sein. Ab sofort brauchen alle Klempner in North Carolina acht Jahre Volksschule. Wer das nicht hat, kann das achte Schuljahr in Abendkursen nachholen. Unser Professor alias Klempnergeselle muss also jetzt wieder dreimal in der Woche abends die Schulbank drücken.

Die erste Stunde ist Mathematik. Der Lehrer kommt rein. "Hallo, Jungs. Ich möchte mal sehen was ihr so wisst. Sagt mal, was ist die Fläche von einem Kreis." Schweigen. "Die ist rund". Der Lehrer verzieht das Gesicht. "Aber wie gross ist sie?" Wieder verlegenes Schweigen. Schliesslich meldet sich unser Professor. Er hat es vergessen, aber kann es herleiten. Ob er an die Tafel kommen soll. Ja, also er geht an die Tafel und beginnt zu rechnen:

$$\int_r^{-r} \sqrt{r^2 - x^2}\, dx = \int_r^{-r} \frac{r^2 - x^2}{\sqrt{r^2 - x^2}}\, dx = \dots$$

die Formeln werden länger und länger, dem Lehrer wird bang und bänger. Aber der Professsor schafft es und am Ende der Rechnung kommt $-\frac{\pi r^2}{2}$ heraus. Aber das stimmt nicht. Der Professor schwitzt, und sogar der Lehrer schwitzt ein bischen. Schliesslich einigt man sich dass das nur die Fläche über der x-Achse ist, und man nochmals die gleiche Fläche unterhalb der x-Achse dazurechnen muss. So erhält man nun das Doppelte, also $-\pi r^2$. Aber auch das stimmt nicht. Der Professor schwitzt noch schlimmer, und der Lehrer gibt fast auf. Da meldet sich aus der letzten Reihe der kleinste Bursche. "Man soll die Grenzen von dem Integral vertauschen, also $\int_{-r}^{r}$ ausrechnen."

Böse Zungen behaupten dass der Professor eine vier und das schlaue Bürschchen eine eins in Mathe bekommen haben. Und so ist der Professor bis heute Klempner. Aber das Bürschchen, ja das ist eine andere Geschichte.

I.1.6 Knecht Rupprecht hat auf der DB Verspätung

Knecht Rupprechts account ist geknackt worden, er hat dem kleinen Schlingel gerade noch eins verpasst gehabt, das war der Zug weg. Sein roter Mantel ist auf dem Bahnsteig liegengeblieben. Hat jemand ihn gefunden? Im Zug ist Knecht Rupprecht eingeschlafen und die Mütze ist ihm auch noch gestohlen worden.

Nur im Unterhemd ist er in Sulzburg, habe ich gehört, grau und verschmutzt angekommen. Hat bei Dekan R. Sündno geklingelt. Die Kinder hatten eben erst angefangen Schumanns "Knecht Rupprecht" auf dem Klavier zu üben.

Knecht Rupprecht hat seinen grauen Rock so gut es geht abgebürstet und sich entschuldigt. (Siehe das Bild das Hans-Peter davon hat) Das Klavierspiel hat ihn genau an das langsame Rumpeln des Bummelzuges erinnert. Woher er kommt, sie sollten es ihm aufsagen, mussten sich aber lange darauf besinnen.

"Einmal zu spät und alles für die Katz" hat er verärgert gesagt.

"Knecht Rupprecht, du hast zu viel "der Landarzt" gelesen, Kafka ist nicht die rechte Lektüre für dich. Ich hab auch dein account gehackt und es genau gesehen."

Die Eltern stehen stumm da und gucken sich verlegen an. Was sonst danach bei Familie Sündno passiert ist hat man nicht erfahren können. Die Wanze, die Knecht Rupprecht hinterlassen hat war leider aus China geliefert worden, und hat die Berichte versehend an die dortigen Kanzleien [1] gesendet.

Ich aber meine die Stimme von Dekan Sündno gehört zu haben: "Habt Mitleid und Verständnis und betet für Knecht Rupprecht!"

P.S.

- Das Kafka Zitat in der Fussnote findet man gleich als Erstes in

  `https://gutezitate.com/zitat/106960`

[1] Es ist ein Arbeitsgrundsatz der Behörde, daß mit Fehlermöglichkeiten überhaupt nicht gerechnet wird. Dieser Grundsatz ist berechtigt durch die vorzügliche Organisation des Ganzen, und er ist notwendig, wenn äußerste Schnelligkeit der Erledigung erreicht werden soll.

https://www.bestenzitate.com/zitat/franz-kafka-84

- "Von drauß' vom Walde komm ich her;
  Ich muß euch sagen, es weihnachtet sehr!
  Nun sprecht, wie ich's hierinnen find'!
  Sind's gute Kind', sind's böse Kind'?"

  —Theodor Storm

- Hanno schreibt er kann sie nicht finden, diese interessanten YouTube Videos wo Schumanns "Knecht Rupprecht" so richtig schlecht auf dem Klavier hingelegt wird. Es kann sein sie sind schon gelöscht.

  Habe nochmals ein paar Adressen gesammelt und nach kurzen Adressen (ohne bing) gesehen. Aber googeln doch mal in etwa:

  Knecht Rupprecht Schumann *Album für die Jugend op. 68*

I.1.7 Musils Toerless fürs Theater

Eine Theaterbearbeitung des jungen Toerless war in Mainz zu sehen,—mit einer Frau als Regisseurin und mit Frauen in den Hauptrollen. Schon der trailer zeigt den plakativen auf Ekzesse zielenden Stil, alles aufs höchste stilisiert und abstrakt.

Die Meisterschaft des Romans besteht im Gegenteil darin die gefährlich langsame Art und Weise zu beschreiben, wie der junge Toerless Zug um Zug in den Wirbel von Masochismus und Sadismus, mittelalterliche Hypnose und noch mehr Verirrungen hineingezogen wurde. Um die Spannung langsam schrittweise wachsen zu lassen braucht es kluge Schauspieler. Sie agieren im Mittelpunkt, sind das Wichtigste am Theater. Zu viele Artistik, verzerrende Lautsprecher und mehr dergleichen, das lenkt nur ab.

Ähnliches habe ich schon beim Vergleich von zwei Versionen der "Physiker" von Dürrenmatt beobachtet: Fernsehen 1964 einerseits, und mit Herbert Fritsch 2015 anderseits. Auch in diesem Fall sieht man wie die Artistik überhand nimmt und den Gehalt des Stückes zurückdrängt und verunklärt.

Ich verstehe nun warum Dürrenmatt sich gegen Ende seiner Laufbahn ziemlich enttäuscht vom Schauspielhaus Zürich abgewandt hatte. In den Gesprächen mit Ludwig Arnold kommen nach langen Windungen die Gründe zur Sprache.

Es braucht viel Geschick um beide Stränge im Toerless Roman zu zeigen: die Verwirrungen die die Mathematik in Toerless erzeugt, sobald man über das kleine Einmaleins hinausdenkt. Anderseits die äußerst starke Beziehung zwischen Törleß und seiner Mutter. Diese ungesund anhaltende Bindung begünstigt auch die Perversionen,— Sadismus, Masochismus einschliesslich Homosexualität.

Pubertät und Erwachsenwerden verursacht immer sowohl kognitive wie emotionale Schwierigkeiten. Mich hat am Roman *"Die Verwirrungen des Zöglings Törleß "* gerade dieser zweifache Umbruch gereizt. Es wird verdeutlicht, wie sowohl gefährliches Halbwissen und Angeberei also auch die Pubertät latente psychische Störungen begünstigen und zum Ausbruch bringen.

Kann man aus dem Toerless ein gutes Theaterstück machen, das obige Prozesse noch eindringlicher zeigt als der Film von Schlöndorff? Dazu würde es einen Meister brauchen.

Anbei ein paar Zeilen wie ich mir einen ersten bescheidenen Anfang vorstellen könnte.

Lehrer: "Ich möchte euch heute die imaginären Zahlen erklären. Die Idee ist ganz einfach. Wir tun einfach so als gäbe es die Wurzel $\sqrt{-1}$ und benutzen sie als Rechnungseinheit."

Toerless: "Herr Lehrer, diese Wurzel gibt es aber gar nicht."

Beineberg: "Das macht nichts, wir tun einfach so als würde es sie geben."

Lehrer: "Beineberg arbeitet immer gut mit."

Toerless: "Herr Lehrer, darf ich meine Formel an die Tafel schreiben, sie verwirrt mich. Alles ist doch richtig, aber warum geht es nicht auf?"

$$\begin{aligned} -1 &= (\sqrt{-1})^2 = \sqrt{-1} \cdot \sqrt{-1} \\ &= \sqrt{(-1)(-1)} = \sqrt{1} = 1 \end{aligned}$$

Lehrer: "Später werdet ihr das alles verstehen. Jetzt heisst es einfach glauben, dass es geht."

Reiting: "Caesar sagt, die erste Zeile ist erlaubt, denn ich sah sie, erlaubte sie und siegte. Die zweite ist verboten weil tiefstes Germanien. Sie darf nie mehr hingeschrieben werden."

Beineberg: "Nein, ich muss das sehen was an der Tafel steht. Wie sich die Wurzeln ber—ühren, umschlingen und zu eins werden. Ich muss da mitten hindurch. Das ist mein Weg."

Basini: "Wenn da jemand einfach einen Euro wegnimmt, geht das aber auch nicht."

Nächster Auftritt, sie reden schon auf dem Weg miteinander.

Reiting: "Mir fehlt Geld, und der Basini verrät sich."

Toerless: "Aber er ist doch so ehrlich."

Reiting: "Ich glaube wirklich, Basini hat einen Euro aus meiner Schublade genommen. Er will uns ablenken. Sonst hätte er sowas gestern nicht gesagt."

Beineberg: "Die Untersuchung mit Verhör in der Kammer wird ein Vergnügen sein."

Toerless: "Was findet ihr schon raus. Ihr werdet keine Brücken berechnen und bauen können."

Bozena: "Was kommen da für süsse Buben! Aber warum so aufgeregt, hat der Lehrer euch mal wieder verwirrt?"

Beineberg: "Es ist nicht sein Metier zu zeigen wie die Wurzeln sich vereinigen."

Bozena: "Bei mir seit ihr an der Quelle. Nicht nur Wurzeln vereinigen sich."

Basini: "Meine ganze Familie stammt aus adeligen Wurzeln. Alle zusammen füllen einen grossen Saal."

Beineberg: "Ich möchte nur dich. Die Vereinigung braucht Übung und Sammlung."

Bozena: "Für den Anfang mögen die Buben mal ein bischen Tee und Rum holen. Na, frisch auf, auf!"

I.2 Tübingen, eine wichtige Station

I.2.1 Konzilianz

Aus den langen Jahren als Assistent am Lehrstuhl von Professor KPH, sind nur wenige kritische Bemerkungen mir gegenüber in Erinnerung geblieben. Zugegeben, mehr als ich hier freimütig erwähnen will. Er hat mich gerne "Kaiser Franz" genannt und gemahnt ich solle nicht so übertreiben. Eine Erinnernung daran dass die wissenschaftliche Karriere rasch vorankommen muss, war schon öfters fällig. "Bei Ihnen dauert alles ewig". Als Heftigstes ist mir in Erinnernung geblieben: "Ich bin immer noch Ihr Dienstherr" und "Sie sind wirklich ein komischer Mensch".

Da fällt mir eine Anektote ein, die KPH mal beim Institutstee erzählt hat. Er hatte am Bahnhof einer jungen Dame geholfen und den Koffer getragen. Wohin sie wolle? Zu einem Kongress für Deutschlehrer und Germanisten. Deutsch war neben Mathematik das Lieblingsfach von KPH. Aus welchem Grund auch immer hat er sich die Zeit genommen und ist für die Kaffeepause bei der Konferenz geblieben. Mit seiner guten Kinderstube hat er sich bei einem anderen Teilnehmer gerade als Dr. Hadeler vorgestellt und ein Gespräch angefangen. Es geht über das Verhältnis von Goethe zu Riemer und Eckermann, und KPH trägt aus echtem Interesse einige Einzelheiten zu dem Thema bei. Der Herr ihm gegenüber ist erfreut über das anregende Gespräch und die beiden Herrn unterhalten sich noch eine Weile recht gut miteinander.

Da fragt der Konferenzteilnehmer, woran er zur Zeit arbeite. KPH antwortet dass er promovierter Mathematiker sei und Assistent in Hamburg. Der Konferenzteilnehmer deutet noch einen Gruss mit der Hand an, sagt "Dr. Hadeler, es hat mich sehr gefreut, auf Wiedersehen", steht auf und geht.

I.2.2 Erinnerung an KPH

Prof. Dr. Karl-Peter Hadeler ist am 3. Februar 2017 von uns gegangen. Ab September 1973 war er mein Doktorvater, und zwei Jahre darauf für viele Jahre an der Universität Tübingen mein Dienstherr.

Wegen der von mir an der ETH erlebten Überforderung und Fremdheit, und dem baldigen Tod meines Vaters, war ich vor dieser Zeit nicht recht glücklich gewesen. In Tübingen war ich neu. Seit Beginn meiner Dissertation war Hadeler für mich ein stets präsenter Ansprechpartner. Zum Beispiel hat Hadeler Arbeiten von Kolmogoroff et. al. für mich aus dem russischen übersetzt und auf Tonband gesprochen. Bald habe ich auch die Gastfreundschaft von Helgard Hadeler und ihrer Familie kennen und schätzen gelernt. Dank ihrer aller Freundlichkeit habe ich mich viel mehr zu Hause gefühlt als die Jahre zuvor in Zürich.

Hadelers Lehrstuhl für Biomathematik hatte einen Kreis von langfristigen und kurzfristigen Mitarbeitern. Das Seminar für Biomathematik bot viele Kontakte und ständige Anregungen für die Arbeit. Trotz dieser Vielfalt hat er mich, und andere Beteiligte, immer wieder dazu angehalten in erster Linie selbstständig zu veröffentlichen;—dabei in kleinen Schritten anzufangen. Hadeler hat regelmässig selber zu den Arbeiten der Assistenten beigetragen.

Mit der Zeit ist mir klargeworden, dass es im Grunde die Aufgaben zweier Professuren waren, die Prof. Hadeler erfüllen wollte und auch konnte. Neben der Professur für Mathematik, insbesondere der russischen Schule, noch eine zweite für mathematische Biologie, mit den aktuellen Entwicklungen. Nur ein erstklassiger Mann von seiner ausgewöhnlichen Intelligenz, Ausdauer, sowie menschlichen Klugheit konnte solche gewaltigen Anforderungen zusammen bewältigen.

Es ist hier nicht der Ort zu ergründen wann mir der oben skizzierte Umfang seiner Aufgaben klargeworden ist;— noch wie weit oder auch nicht ich am Ende alle Möglichkeiten selbst genutzt habe. In der Zeit nach 1990 habe ich mich von Tübingen trennen müssen. Es sollte deshalb besseren Kennern überlassen sein, die späteren Leistungen von Hadeler zu würdigen. Es sei nur erwähnt dass April 2017 postum bei Springer das Buch von K.P. Hadeler über zelluläre Automaten erscheinen wird.

I.2.3 Ein Traum von Tübingen

Was erleben wir nicht alles sonderbares im Traum! Mich dünkt, wenn der Hausherr des Oberstübchens fein und lieb schlummert, merkens seine Diener alsbald. Sie sind so rechte Kobolde und treiben dann allerhand Schabernack. Es kommt dabei zu Keilereien, und da der Herr nicht einschreiten kann wird es mitunter recht toll. So etwa in meinem folgenden Traum.

Wieder so eine Reise, heute nacht. Ich schleppe den Rollkoffer irgendwo durch eine kleine Altstadt, ist es Tübingen, oder l'Aquilla vielleicht? Vor mir eine hübsche alte Häuserfront, geschickt ist eine Kirche eingebaut. Also doch l'Aquilla? Aber mein Auto ist liegengeblieben, und es kann erst morgen früh überprüft und vielleicht wieder in Gang gesetzt werden. Wo soll ich übernachten? Zwei Studenten kommen vorüber und sprechen angeregt miteinander, offenbar über Gerhard Steiff. "Man muß alles ganz deutlich aussprechen, so will er es." Ich frage ob sie ein Nachtquartier wissen. Nur für Praktikanten, sie machen ein Praktikum bei Steiff. "Wie schön", mein ich noch recht verlegen.

Der Koffer wird immer schwerer. Man muss die Arme wie zum römischen Gruss nach vorne strecken, dann rollt der Koffer ein bischen mit. Ich probiere es. Aber ich muß diese verunstaltete Freitreppe hochkommen. Halb ist sie mit Kopfsteinpfaster zugemauert. Richtig schwäbisch, so erbämlich sieht es aus. Schliesslich komme ich in ein Gebäude und in einen Saal. Einige Leute sitzen verstreut. Man kann durch Fenster nach draussen in einen Park mit Skulpturen blicken. Die Leute hier drinnen bewegen sich so bewollt langsam, als übten sie etwas. Da sehe ich Herrn Nemhad von der Biokybernetik. Es scheint, als versuche er so auszusehen wie das Reiterstandbild da draussen. Er sieht ja ohnehin aus wie Abraham, der wiederum sieht doch fast aus wie der liebe Gott. Als ich nach Unterkunft frage, bekomme ich zurückgefragt: "machst du Praktikum bei Stalin oder bei Beethoven?"

Fast trifft mich der Schlag, als ich das bedenke. Aber meine Katze ist aufs Bett gesprungen, nichts ist mir geschehen. Das Tier spürt offenbar daß es jetzt für mich besser ist aufzuwachen. Kein Praktikum, kein kaputtes Auto, fällt mir umgehend zur Erleichterung ein. Es ist Zeit fürs Katzenfutter.

Ja da bin ich heil zurück im Bett. Nur ein bischen Kopfweh für zwei Tage ist mir geblieben von meinem Knall. Im Ernstfall ist der medizinischen Ausdruck dafür eher Schlaganfall. Möge es doch bei jedem so harmlos verlaufen.

Also zur Erklärung: den Herrn Nemhad habe ich lange nicht gesehen. Zuletzt als ich von

Tübingen weg musste und er meinen gebrauchten Audi kaufen wollte. Auf der Fahrt von Heidelberg nach Jena war ich viele Jahre danach nochmals kurz, nur für ein paar Stunden, in Tübingen. KPH, mein Dienstherr und Doktorvater, hat während eines Spaziergangs durch die Altstadt ein Geschenk für Tilman gekauft und mir mitgegeben. Das haben wir in dem kleinen Laden von Ursula Nemhad in der Altstadt von Tübingen besorgt. KPH und ich kannten Ursula noch als Ursula an der Heiden. Uwe an der Heiden war mein Kollege gewesen; ich kann bestätigen daß er optimistisch und seriös aussieht, aber nicht wie Abraham. Letzteres war womöglich aber für Ursula wichtig. Man weiss sowas ja nicht.

Ohne viel zu deuteln, sieht man aus den obigen Zeilen dass die Tübingen Zeit wohl die schönste in meinem Leben gewesen ist. Dafür entscheidend war die Arbeit und Beziehung mit KPH. Obendrein noch allerhald musikalische Aktivitäten. Ursula und Herrn Nemhad kannte ich auch durch die gemeinsame Mitwirkung in dem Univeristätschor unter Alexandro Sumski.

Nach einigen Jahren habe ich Sumski den Rücken gekehrt. Die ständigen Spannungen zwischen Anspruch und Wirklichkeit waren unter Sumski mit der Zeit mehr als lästig und manchmal lächerlich. Ich konnte mich dem Kammerchor von Gerhard Steiff anschliessen. Er ist in Tübingen meine zweite Bezugsperson geworden. Wie durch ein Wunder, fast ohne andere äussere Umstände, haben sich unter Steiff wohl alle Mitwirkenden ausgeglichener gefühlt.

I.2.4 Was soll man schenken,— *Gedanken, aber kein Ratschlag*

Wenn ich während meiner Studienzeit in den Semesterferien nach Hause kam, hatte ich jedesmal Lust, zu erzählen, was ich gelernt hatte, und was sonst mir gerade neu und wichtig war. Aber meine Eltern zu Hause hatten kein Interesse daran. Sie wollten einfach nur ihren altbekannten Sohn für ein paar Tage oder Wochen bei sich haben. Was ich hier und heute so spontan schreibe, kommt aus einem ähnlichen Gefühl. Ich möchte etwas sagen, aber eben zu dem Thema, das wichtig ist. Bald merke ich aber, der Mitmensch oder Leser hat daran kein oder wenig Interesse.

Geschenke drücken Freude und Dankbarkeit aus, und lösen zugleich unzählige Hintergedanken aus. Ich habe schon einmal einem Klassenkameraden geschrieben: wenn schon, mache ich ein Geschenk lieber zwischendurch, wenn ich gerade Zeit habe etwas Interessantes zu finden. Der Erwartungsdruck zu Weihnachten und Geburtstagen hemmt mich.

Was haben die drei Weisen aus dem Morgenland dem Jesuskind gebracht? Weihrauch, Myrte, usw, also belanglose Luxusgüter. Soll sich niemand beschweren wenn so was noch heute zu Weihnachten verschenkt wird. Was hätten sie bringen können? Vielleicht den Gilgamesch Epos, und eine interessante babylonische Schriftafel zur Trigonometrie. Aber auch das wirkt noch irgendwie kleinlich. Denn wer sein Herz oder sein Leben für andere gibt, oder einfach für andere da ist, gibt viel mehr. Jeder weiss das, gleich wie gut er sich selbst sozial einbringen kann oder wie seine Gesinnung ist. Aber daher die Hemmung zu schenken. Daher kommt es wohl dass (fast) alle Geschenke so unpassend wirken.

Endlich möchte ich zu Beispielen aus meinem eigenen Erlebnisbereich kommen. Mein Doktorvater KPH erzählt bei meinem letzten so seltenen Besuch, seine Ehefrau habe ihm das Buch *Gödel, Escher, Bach* geschenkt. —"Ja soll ich mich jetzt mit zellulären Automaten beschäftigen?" Denn das ist das im Buch populärwissenschaftlich entwickelte Thema, auch in vielfachen Zusammenhang gebracht mit dem Titel. KPH steht immer noch im wissenschaftlichen Leben. Wenn ihn ein Thema packt, ist er immer mitten drin, ein aktiven Teilnehmer. Wenn nicht eine Veröffentlichung schreiben, warum dann überhaupt darüber lesen. Es ist nur Ablenkung, und unbeteiligt dabeizusein, bringt ihn in Verlegenheit. So gut kenne ich meinen Doktorvater.

Nun erzählt er mir noch: das nächste Mal hat meine Frau ein Buch nach Wahl geschenkt. Er hat sich, als Geschenk, ein Lehrbuch über Molekularbiologie gekauft. Wie sich Moleküle gezielt zerstückeln können, sei fast nicht vorstellbar. Letzten Endes bleibt alles Lebendige doch ein Wunder.

So weit so gut. Ich sitzt neben ihm im Auto, und er bringt mich zum Bahnhof Tübingen. Da will ich doch keine ungeschickten Bemerkungen machen. Aber im Hinterkopf entsteht mir der Gedanke. Zwei Menschen die mir so viel bedeuten und geholfen haben. Sie sind inzwischen schon mehrfache Grosseltern. Gibt es für solche Menschen keinen besseren Weg?

Hilbert hat zum 70. Geburtstag die mathematischen Annalen in Leder gebunden geschenkt bekommen (siehe die gute Biografie, *Hilbert* von Constanze Reid). Er war bereits so schwer an perniziöser Anaemie erkrankt, das eine Pflegerin ständig im Haus gebraucht wurde. An mathematische Arbeit war für ihn nicht mehr zu denken. Die Bände der Annalen, alle in Leder gebunden, sind von Hilberts umgehend verkauft worden.

Das Buch *Clara Schumann, Klavier* von Dieter Kuhn hat mir viel Freude bereitet. Historisch genau. Gerecht gegen Robert Schumann, keine feministische Extreme wie bei Eva Weissweiler. Hier eine Episode daraus. Als Robert Schumann in seinem letzten Jahr zusammengebrach, war medizinisch wohl keinem der Beteiligten klar, ob Schumann an Syphilis erkrankt war, und welche seine Beschwerden und Sympthome durch manisch depressive Anlage bedingt waren. Johannes Brahms hat ihn wohl als Einziger noch in der Nervenheilanstalt besucht. Seine Frau Clara hat ihn kein einziges Mal besucht. Brahms hat Schumann einen grossen Welt-Atlas mitgebracht, und Robert hat mit dem Finger darin noch tagelange Weltreisen gemacht.

Jetzt möchte ich noch ein bischen mehr erzählen, was mich in letzter Zeit sehr beschäftigt hat. Robert Musil ist ein zu wenig bekannter Schriftsteller. Sein Jugendwerk *Die Verwirrungen des Zöglings Törless* ist verfilmt worden, leider nur schwarz weiss. Den Film von Schloendorff habe ich durch Hans-Peter kennengelernt. Mich hat an dem Werk nicht nur die Unerträglichkeit der Schule, und noch mehr der Internats-schule fasziniert (schon fast heimgesucht), sondern auch wie die heranwachsenden Schüler (Zöglinge) lebhaftes Interesse für Mathematik haben können. Am Ende bleibt doch nur Gewalt gegen ihren etwas verträumten Klassenkameraden. Der kann sein geliehenes Geld nicht zurückzahlen und wird gequält. Aber beides geschieht, und wird durch die Genauigkeit, mit der Musil das Erleben Heranwachsender beschreibt, zu gleichen Teilen glaubhaft vom Leser miterlebt. Solche Literatur habe ich vorher nicht gekannt.

Musil's Hauptwerk ist *Der Mann ohne Eigenschaften.* Das Werk ist über tausend Seiten lang. Lesen könnte ich es allein wegen meiner Augen nicht vollständig. Durch die Möglichkeiten des Internets habe ich auch nach Hörbüchern darüber gesucht. Dort habe ich zwei Hörversionen befunden,—wie vielleicht schon früher einmal erwähnt. Ein kurzer Auszug daraus steht auch noch auf meiner website. Inzwischen ist die Lesung von Wolfram Berger, in herrlichem österreichischen Akzent, schon vergriffen. Ich habe nur den ersten Teil gefunden und noch eben erschwinglich erworben.

Also kann ich jetzt etwas von den oben erwähnten Titeln verschenken? An meine Söhne? Würde diese zu sehr von ihrer Arbeit ablenken. An wen sonst? Ich habe Widerstände.

Wie weit soll man bei Auswahl eines Geschenkes die Bedürfnisse des Empfängers erraten. Wie weit darf ein Geschenk zeigen dass und wie man einen Menschen beeinflussen will. Wie weit darf man von den eigenen Können und Wissen und Interessen ausgehen. Reicht es schon, das hier ein paar Worte geschrieben und diese Fragen gestellt worden sind. Viele Fragen, keine Antwort. Oder besser als Hausaufgabe: denkt darüber nach.

I.3 Zurück zur Schule

I.3.1 Die Einladung

Danke der Emsigkeit von Richard werden sich von unserer Klasse wer will und kann nächsten Juni in Sulzburg treffen. Er lädt ein:

`Ihr Lieben,`

das nenne ich mal gut - Eure Entscheidung, nach Sulzburg zu kommen. Und Michael ist auch dabei. Zu den Unterkünften: Rebstock und Dormitorium liegen zentral und nur knapp 50 m voneinander entfernt (flache Wegstrecke!). Das Abendessen kann man im Rebstock einnehmen, es gibt dafür einen separaten Raum, das Frühstück ebenso.

Aber wir können auch bei mir zuhause frühstücken, kein Problem. Das Waldhotel liegt drei Kilometer außerhalb vom Städtchen, aber wunderschön, hat genügend Platz für uns alle, aber ist nicht gerade preisgünstig. Entscheidet selbst!

Was das Programm angeht: detaillierte Gedanken habe ich mir da noch nicht gemacht, da für mich in unserem Alter mehr den je Matthäus 6, V.34 gilt.[2]

Aber eine Führung durch unsere alte Ottonische Kirche (über 1000 Jahre) und unsere ehemalige Synagoge ist allemal möglich. Ansonsten ist deine thematische Anregung, liebe Moni , ein guter Vorschlag und hilft, sich frei zu machen vom Schwelgen in vergangenen Zeiten.

`Herzliche Grüße`

Moni schreibt dazu voller Freude:

Das Programm stelle ich mir ähnlich vor wie letztes Mal. Kaffee, Rundgang durch downtown - Sulzburg, Abendessen mit open end. Thema könnte sein: "Was würde ich in meinem Leben anders machen, wenn ich nochmals frisch von der Schule käme?" Das könnte interessante Gespräche eröffnen. Du siehst: ich habe noch ein bisschen mitgedacht.

Iris hat heute ihre OP. Denkt an sie! Vielleicht hat sie es ja auch schon hinter sich und wacht gerade so nach und nach auf.

[2]Sorget euch also nicht für morgen, denn der morgige Tag wird schon für sich selber sorgen! Jeder Tag hat genug mit seiner eigenen Plage!

I.3.2 Wer erzählt so nett von mir?

Eines, das ist ganz bestimmt,
Franzel ist ein Wunderkind
Er kann Physik, Mathe und Chemie,
aber in Latein ginge er nie.
Auch in Englisch und in Franz
klapp's nicht immer voll und ganz.
Und in Deutsch, oh weh und ach,
ist der Franzel ziemlich schwach.
Doch heller wird sein Blick
spielt er gar ein Flötenstück.
Denn er ist ein Musikus,
den ein jeder kennen muß.

aus der Bollenzeitung

Schon in der alten Bollenzeitung habt ihr mich so lieb in der Überzeugung gewiegt ein kleines Genie zu sein. Vielen Dank für diese Streicheleinheiten. Dass es bei mir trotzdem nicht immer so richtig klappte, haben alle bemerkt und so brauche ich das eigentlich gar nicht zu wiederholen. Ich kann immer noch keine blütenreine Erfolgsgeschichte bieten, eher schon in alter Tradition eine Bierzeitung.

Nachdem ich die mathematische Wissenschaft zu meinem Beruf gewählt hatte, bin ich, freiwillig oder nicht, ganz schön weit herumgekommen. Und mit einer festen Stelle hat es lange nicht geklappt. Schliesslich habe ich USA, genauer Charlotte in North Carolina, eine Professur erreicht; gerade zwei Jahre bevor alle die nun wirklichen Genies, geplagt und hungrig, aus Russland und China nach USA und insbesondere auch North Carolina kommen und dort eine Stelle suchen.

Aber mehr der Reihe nach. Nach Studium in Karlsruhe und Zürich und ziemlich langer Assistentenzeit in Tübingen war ich ein Jahr lang Gastprofessor in Chapel Hill, North Carolina; danach drei Jahre Mitarbeiter an der Hochschule der Bundeswehr in München. Dort hatte ich gleich zu Anfang das Vergnügen, von gestandenen Offizieren zum Retter in der Not gemacht zu werden. Das geschah weil einer der Professoren gerade mehr als achtzig Prozent der Studenten beim Vordiplom in Mathematik hatte durchfallen lassen. Nun sorgten sich deren Vorgesetzte zu Recht um die Zukunft der jungen Offiziere. Nach drei Trisemestern haben sich die Jungs für meine Vorlesung bedankt. Und der Dekan hat mir einen Dankesbrief geschrieben, den ich seither meinen Bewerbungsunterlagen gerne beilege. Aber leider hat mir das alles nicht zu einer Professur in Deutschland verholfen. Eine Zeitstelle, die ich in Dortmund hätte bekommen können, habe ich zwei Wochen vor der Übersiedlung nach USA abgelehnt. An der University of North Carolina at Charlotte bin ich seit 1989 associate professor.

Bei all den vielen Umzügen haben meine Frau und ich in den letzten 15 Jaren zwei Wohnungen und drei Häuser renoviert und acht Gärten neu angelegt. Von der vielen Arbeit könnte ich ein langes Lied singen. Das viele Umziehen hat meiner Frau und mir und meinen beiden Söhnen Tilman und Dietrich nicht gefallen.

Schliesslich ist meine Familie nach vier Jahren in Charlotte doch nach Deutschland zurückgekehrt. Es gab mehrere Gründe dafür. Ich hatte immer noch keine Dauerstellung bekommen, aber der Urlaub meiner Frau konnte nicht mehr verlängert werden. Wir wollten beide unsere Kinder in Deutschland auf die Schule schicken und hatten einfach Heimweh. So bin ich nun zum Wanderer zwischen USA und Deutschland, genauer Charlotte und Celle, geworden.

An der Universität in Charlotte sind die Kollegen wirklich alle nett. In der Forschung habe ich inzwischen ca. 30 Publikationen veröffentlicht. Was die Lehre betrifft, so kann ich ehrlich sagen, dass ich gerne Vorlesungen halte. Aber der Unterricht ist doch viel schulähnlicher als ich es mir eigentlich gewünscht hatte. Die Noten sind immer so schrecklich wichtig.

Doch beim Wort "Noten" denke ich viel lieber an Musik. Schon in der Bollenzeitung stand über mich so nett: "Doch heller wird sein Blick, spielt er gar ein Flötenstück." Daran hat sich glücklicherweise auch nichts geändert. Ich musiziere regelmässig zusammen mit einem ehemaligen Professor für Klavier, Thomas Turner. Auf meinem eigenen Flügel übe ich auch Klaviermusik. Die Musikstücke, die gefallen und angemessen sind, werden mit den Jahren immer anspruchsvoller. Und ausserdem ist mein Sohn Dietrich mit seinem Cello dazugekommen. Ich begleite ihn gern, hoffentlich umsichtig und zart genug.

I.3.3 Die nicht so gute alte Zeit

Die Erinnerung schönt das Erlebte, das wussten schon die ollen Griechen. "Und wer dem Gesang von den alten Räuberpistolen nicht zuhören möchte, der darf ruhig zu Bett gehen und soll morgen früh die Schweine aufs Feld treiben." So oder ähnlich liest man bereits bei Homer.

Zu Schulzeiten hat mich Klassenkamerad Kulik immer wieder mit schwierigen Problemen aus der Mathematik bedrängt. Waren es anfangs eine geometrische Herleitung der binomische Formel oder der Satzes von Pythagoras, so später die Bestimmung der Brennweite einer perspektivischen Zeichnung oder ein komplizierter Sonderfall beim integrieren. Auch prinzipielle Fragen, etwa ob die Koordinaten die Teile eines Punktes seien, fand er interessant. Solange die Forderung des Lehrers noch nicht im Raum stand, wagte sich kein anderer Klassenklamerad so weit vorauszudenken.

Auf dem zehn Minuten Weg zum Sportplatz fragt er immer wieder nach dem Werdegang meines Vaters. Nun habe ich gerade mal wieder eine miserable Note im Deutschaufsatz bekommen. Ich erzähle zur Ablenkung von meiner Mutter. Es war fast schon ihr Rat auf meinen Kummer. Sie habe immer zwei Klassenaufsätze geschrieben, in derselben Stunde zu zwei verschiedenen Themen mit zwei verschiedenen Handschriften in zwei verschiedene Hefte. Erst für eine Freundin in deren Heft, dann den zweiten Aufsatz in ihr eigenes Heft. Später ist sie Schauspielerin geworden. Auch Kulik findet das alles recht interessant.

Das nächsten Mal erzählt er auf dem Weg zum Sportplatz von Stalins harter Erziehung bei den Jesuiten. Die Sportstunden sind mir ohnehin ein wiederholtes Ärgernis und wecken in mir den Wunsch etwas Bedeutenderes zu tun. Wenn schon nicht wie Stalin, dann ...? Eine Woche später fängt er mich vor dem Eingang zur Umkleidebaracke ab. Er brauche Hilfe bei der anstehenden Mathearbeit. Nur einen Zettel mit der Lösung in die Bank hinter mir reichen, wo Kulik neben Richard sitzt, das würde helfen. Kulik wird in Englisch, das er perfekt spricht von dem Lehrer völlig unterschätzt und bekommt zu Unrecht schlechte Noten. Wiederholt hat mir Richard schon erzählt wie Kulik vor den Mathearbeiten Magenkrämpfe bekommt. Für mich sieht das aus wie die Gelegenheit die Welt ein bisschen gerechter zu machen. Alles geschieht wie verabredet. Noch während der Klassenarbeit flüstert Richard dem Kulik zu. "Das Ergebnis auf dem Zettel von Franz ist falsch." Aber Kulik glaubt meinem Zettel mehr als seinem Nebensitzer.

Als die Arbeit zurückgegeben wird, fährt mich Lina an: "Rother, ich verlange eine Antwort!" Ich muss gestehen dass ich Kulik habe helfen wollen. Wittich tritt nach der Stunde an mich heran. "Das sollte dir klar sein: im dritten Reich wärst du dein Abitur los." Ein paar Tage danach ist Kuliks Schulbank leer. Von Seiten der Lehrer jedoch passiert nichts. Es heisst, er ist bei seinem Onkel in London. Er kommt nicht wieder in die Schule zurück. Ich habe ihn einige Monate später in London bei seinem Onkel besucht.

Wittich war mein einziger Klassenkamerad (vielleich aber nicht Kameradin) mit scharfem Urteilsvermögen von Kindesbeinen an. Hier ein Beispiel. Der Geschichtslehrer hatte gerade einmal wieder die Demokratie in der Bundesrepublik pflichtgemäss in den Himmel gelobt. "In unserem Staat bestimmt das Volk die Regierung durch freie Wahlen." Wittich meldet sich. "Ich sehe nichts von Demokratie." "Warum" will der Lehrer wissen. "Ich bin der Ansicht, die Regierung in Deutschland handelt so wie die Amerikaner es von uns wollen." Lehrer Leßle stimmt ziemlich laut zu. "Das ist ohnehin so, zweifelsohne ist das so ...", und versucht den Eindruck zu erwecken als herrsche trotzdem Demokratie. Zum Abitur hat mir Wittich ausserdem noch gesagt. "Dass du immer der Beste bist, wird während des Mathematikstudiums schnell vorbei sein, wie dir hoffentlich klar ist." Nur dass die enge Gemeinschaft auch vorbei sein würde, hat er nicht gesagt.

I.3.4 Schultraumata

Manch einer träumt das ganze Leben davon: er muss das Abitur nochmals machen. Ich meinerseits wurde auch mehrmals,—wenn auch nur im Traum,— rückversetzt. Anfangs war's dazu noch freiwillig, beispielswiese um meine Englisch Kenntnisse aufzubessern,—aber nur anfangs. Eines Tages sagt der Lehrer: "Rothe, Sie sind eigentlich ganz richtig hier." Geht das nur mir so? Wahrlich nicht, falls man den von berühmten Künstlern inspirierten und im folgenden verfremdeten Vorfällen Glauben schenkt.

Der Neue setzt sich in die Bank, die der Schuldiener eben ins Klassenzimmer getragen hat. "Ton nom?" Er steht auf, seine Mütze fällt zu Boden. Er ist dem Weinen nahe, kann vor Schreck nur stammeln. Explosionsartig stösst er schliesslich hervor "Charlbovari". Heulendes Gebrüll und Gelächter. Alle äffen ihn nach. "Ruhe die Klasse, und Sie schreiben bis morgen fünfzig mal: 'Ridiculus sum'." In diesem Augenblick glaubt die ganze Klasse, von der vordersten bis zur hintersten Bank, daß der Neue lächerlich ist. Was soll aus ihm bloss werden. Ja, der Leser wird im Laufe den darauf folgenden, weltberühmten Seiten darüber belehrt werden. Seine erste Gemahlin, nun schon lange Verflossene, wünschte sich "nur ein bisschen mehr Liebe". Und sie wird nach Strich und Faden finanziel ruiniert. Ist wenigsten ihm das schlimme Ende eine Warnung für die Zukunft? Keineswegs, der kundige Leser weiss es genauer.

Aber ich will ja von der Schule erzählen. Unsere alte, liebe Lina ist bei den quadratischen

Funktionen angelangt. Sie interrogiert die ganze Klasse: "Und wenn man nun $y = x^2$ nacheinander für $x = 1, 2, 3, \ldots$ und so weiter ausrechnet?" Sofort kommt eine glänzende Antwort von Richard . Nun gut, aber Lina bohrt weiter. "Was sind nun die Zuwächse zwischen diesen Zahlen." Er zögert. Zum Glück hilft Nikolaus aus. Aber Lina kann doch nicht ihren Liebling so vergessen links liegen lassen. Also fragt sie: "Nun Sündno : erklären Sie wie die Zahlenfolge weitergeht!" Richard ist nicht verlegen. Er weiss es, und Lina ist hingerissen. Ihre Begeisterung steigt ins Grenzenlose. Sie ruft in die Klasse: "der Sündno hat das Gesetz entdeckt!" In diesem Augenblick glaubt die ganze Klasse, von der ersten bis zur letzten Bank, daß der Sündno das Gesetz entdeckt hat. Ein Platz unter den Unsterblichen, vielleicht sogar im Himmel, ist ihm sicher.

Die Oper am Sonntag abend war herrlich. Aber nun ist Montag morgen, B. hat nichts gelernt. Der verdammte Wecker rasselt. Ein schrecklicher Tag. B. kommt zu spät. Lina oder ein verwandtes Monstrum bewacht schon den Eingang. Er muss ums Haus herum und entkommt auch am Hintereingang nicht ihren Flüchen und Nachstellungen. Die erste Stunde geht ja so leidlich vorbei. Jetzt aber ist Latein an der Reihe. Heberdinger war ja nicht so lange beim Frisör gestern abend wie B. im Theater. Er hat ausschlafen können und übersetzt ganz recht und ordentlich. Dem Pauker wird es langweilig. "Buddenbrook, Sie dürfen auch mal gerne. Ihren Chopeing haben Sie auf der Bank ja nun genug geübt. Also, Herr Buddenbrook?" B. erhebt sich mühsam und beginnt zu stottern. "Aurea prima est, ...secundum nullum,...." "Ja es geht nicht weiter? " "na ja ich warte noch ein bisschen." Kulik hält ihm das Buch hin. Wort für Wort stottert er zäh zusammen, Tränen in den Augen. Den Pauker lausst der Affe: "B. Sie haben gelernt? Vielleicht glauben Sie das. Was haben Sie aber getan? Sie haben unsterbliche Verse in den Staub gezogen. Was soll nur aus Ihnen werden?" In diesem Augenblick ist die ganze Klasse, von der vordersten bis zur hintersten Reihe, überzeugt dass B. unsterbliche Verse in den Staub gezogen hat, und weiss nicht was aus ihm werden soll.

In der nächsten Mathematik Stunde hat Jäck eben eine Skizze einer anderen quadratischen Funktion brav an die Tafel gezeichnet. Er darf sich wieder setzen. "Sündno , kommen Sie an die Tafel und berechnen Sie das Maximum". Sündno kommt, differenziert, setzt $y' = 0$ und rechnet x aus. Eine reife Leistung, man könnte sagen sogar Cäsars würdig. Aber Lina ist noch immer nicht gesättigt in ihrem bohrenden Wissensdrang. Sie quängelt weiter. "Ja Sündno , warum ist das jetzt das Maximum?" Sündno ist ein ehrlicher und offener Mensch und sagt: "Das sehe ich doch gleich." "Sündno , Sie sind ein Dickkopf." In diesem Augenblick ist die ganze Klasse, von der vordersten bis zur hintersten Reihe überzeugt, daß Sündno ein Dickkopf ist. Na ja, das Gesetz hat ja vielleicht doch ein anderer entdeckt, denke ich, Aber nein, dergleichen geschieht nicht. Und S. ist ein Dickkopf? Die Überzeugung übermannt auch mich.

In der Pause fragt Kulik "hast du das mitbekommen was die Lina in der letzten Stunde erklärt hat? Törless antwortet "Sie meint, wenn man die dritten Wurzeln in der Formel gar nicht ausrechnen kann, dann werden sie eben komplex. Aber am Ende der ganzen Aufgabe erhält man aus der Formel doch richtig die drei Wurzeln der Gleichung dritten Grades." Kulik: "Die Lina sagt, Bombelli oder so ein Italiener hat das entdeckt."

"Ja, ja; alles was du sagst, weiß ich auch. Aber bleibt nicht trotzdem etwas ganz Sonderbares an der Sache haften? Wie soll ich das ausdrücken? Denk doch nur einmal so daran: In solch einer Rechnung sind am Anfang ganz solide Zahlen, die Meter oder Gewichte oder irgend etwas anderes Greifbares darstellen können und wenigstens wirkliche Zahlen sind. Am Ende der Rechnung erscheinen ebensolche wieder. Aber Anfang und Ende hängen miteinander durch etwas zusammen, das es gar nicht gibt. Ist das nicht wie eine Brücke, von der nur Anfangs- und Endpfeiler vorhanden sind und die man dennoch so sicher überschreitet, als ob sie ganz dastünde? Für mich hat so eine Rechnung etwas Schwindliges; als ob es ein Stück des Weges weiß Gott wohin ginge. Das eigentlich Unheimliche ist mir aber die Kraft, die in solch einer Rechnung steckt und einen so festhält, daß man doch wieder richtig landet."

Beineberg grinste: "Du sprichst ja beinahe schon wie unser Pfaffe: '....Du siehst einen Apfel,—das sind die Lichtschwingungen und das Auge und so weiter,—und du streckst die Hand aus, um ihn zu stehlen,—das sind die Muskeln und die Nerven, die diese in Bewegung setzen.— Aber zwischen den beiden liegt etwas und bringt eins aus dem anderen hervor,—und das ist die unsterbliche Seele, die dabei gesündigt hat..." Er ahmte den Katechet nach, wie dieser das Gleichnis hervorzubringen pflegte. "Ja—ja,—keine eurer Handlungen ist erklärlich ohne die Seele, die auf euch spielt wie auf den Tasten eines Klaviers..." Dann schloss B. trocken: "Übrigens interessiert mich diese ganze Geschichte wenig."

Der kundige Zuhörer weiss wie bös es auch Törless weiter ergangen ist. Immerhin wird ihm nicht alle Sympathie abhanden kommen. Er wurde später, nachdem er die Ereignisse seiner Jugend überwunden hatte, ein junger Mann von sehr feinem und empfindsamen Geiste. Die vergangene Erniedrigung war ihm jene kleine Menge Giftes, die nötig ist, um der Seele die allzu sichere und beruhigte Gesundheit zu nehmen und ihr dafür eine feinere, zugeschärfte, verstehende Wachsamkeit zu geben.

Aber Schule an sich endet nie. Auch Pfeiffer ist noch auf der Schule. Er muss das Abitur nachholen. Als er am ersten Tag gefragt wird, steht er auf und sagt freundlich lächelnd seinen Namen. "Mit einem oder zwei f?". "Mit dreien" "Mit wievielen auch immer, Pfeiffer, Sie werden sich an Disziplin gewöhnen müssen." In diesem Augenblick weiss keiner in der Klasse, von der ersten bis zur letzten Bank, mit wievielen f man Pfe?? schreibt. Um die Disziplin steht es schlecht. Lehrer fehlen im Reich. Minister Rust hat den Film verboten,—er verspotte die Schule. Heinz Rühmann ist alarmiert und fährt nach Osten. Sein Flieger Freund Obert Angermund hat vermittelt.

Nach vielstündiger Bahnfahrt ist er nun innerhalb eines dreifachen Ring aus Stacheldraht. Er wartet. Die Zuständigen wollen den Film lieber alleine ansehen. Er liest ein bisschen in der Bibliothek. Beim Spaziergang danach sieht er hinter einem weiteren Stacheldrahtzaun einen kleinen gebückten Mann, neben ihm einen deutschen Schäferhund der sich seinen Schritten anpasst. Ein paar Tage später kann Rühmann kaum noch glauben was er erlebt hat. Ab heute kann jeder im Kino erfahren dass man Pfeiffer mit drei f schreibt,—einem vor dem Ei,—und zwei hinter dem Ei. Und Heinz Rühmann lächelt dazu auf der Leinwand.

Liebe Freunde: bedenket nur dieses noch zum Schluss. Alle Bücher die diese Zeilen inspiriert haben sind,—oder sollten einmal verboten werden. Was können meine bescheidenen Zeilen daran ändern. Aber sie sollten euch nicht hindern daß das Bier euch heute abend noch mundet.

I.4 Naturphilosophie

I.4.1 Du kannst nicht nochmals in den selben Fluss steigen

Ich grüble

"Was würde ich in meinem Leben anders machen, wenn ich nochmals frisch von der Schule käme?" Das habe ich mich nun schon viel öfter gefragt als ich zugeben möchte. Aber sei mal ehrlich: aus der zeitlichen Distanz wirkt das damalige Leben so schön und leicht. Hätte man besser nicht so viele Gelegenheiten ungenutzt lassen sollen? Wären wenigstens ein bischen mehr Fleiss und Mühe nicht doch am Platz gewesen?

Ich war ja schon immer ein "gelegenlich recht fleissiger" Saisonarbeiter. Aber wäre ich mit so viel mehr Fleiss nicht eines baldigen Tages an einem schweren Herzinfarkt zugrunde gegangen? Ja alles hätte auch anders kommen können. Das Leben ist eine Kette von lästigen Kleinigkeiten und Zufällen. Der Blick zurück immer ganz anders als der seltene Blick voraus. Wegen alledem werden solche Betrachtungen nur allzu schnell müssige Zeitverschwendung.

Und doch glaube ich es sei sinnreich jedenfalls einmal alle paar Wochen für ein Stündchen die Frage nach der eigenen Vergangenheit zu stellen. Wenn mir dabei beispielsweise etwas auffällt das mir so wichtig ist und mir sogar wiederholt widerfahren ist, dann kommt es vor daß ich darüber mit meinen Kindern sprechen will, und einen Ratschlag glaube geben zu können. In diesem so eingeschränkten Fall mag das Nachdenken sinnvoll sein. Für mich selber fällt in diesem Zusammenhang auf wie schlecht ich immer mit meinem Geld umgegangen bin.

Es spricht der Philosoph

Bevor mir die Sprache ganz wegbleibt ein paar Bezüge zur Literatur. Musil betont in seinem Hauptwerk "der Mann ohne Eigenschaften"

Es hätte auch alles anders kommen können.

Das Weltgeschehen sieht er, wie auch ich, als eine Kette von Zufällen. Friedrich Dürrenmatt betont in seinen biographischen Skizzen, wie schon als Kind für ihn das Leben ein Labyrinth war: beim Spielen in Getreidefeldern und Kornspeichern und später in den Arkaden und Gassen der Stadt Bern.

Nur wer will mag meinem weiteren philosophieren über Wissenschaft folgen. Zumindest gibt es in diesem labyrinthischen Weltgeschehen alle Grade von wahrscheinlichem und unwahrscheinlichem. Im Bereich der Elementarteilchen ist das offensichtlich. Kann es eine Zeitreise in die Vergangenheit geben? Dagegen gibt es gewichtige Einwände, etwa wie folgt: im zweiten Erleben wäre meine (zeitgereiste) Person verdoppelt. Dann beginnt ein Automatismus und mit jedem Wiederholen des Lebens das dann automatisch erfolgen muss, fährt eine noch klügeren Kopie meiner selbst auf der Lebensreise mit. In exponentiellen Wachstum entsteht eine Superperson. Der Effekt ähnelt der wohlbekannten akkustischen Rückkopplung.

Diese Superperson würde automatisch immer klüger und geschickter und damit erfolgreicher werden, bis sie die ganze Welt unterwirft und verwüstet und damit schliesslich auch sich selbst zerstört. Ich behaupte das Labyrinth des Weltgeschehens ist nur in einer nach der Zukunft gerichteten Zeit und mit Hilfe des Zufalls überhaupt möglich.

Kurz nach dem Urknall

Hier noch eine weitere Spekulation. Die gerichtete Zeit, so stelle ich mir vor, ist nach dem Urknall in der kurzen Zeit entstanden während der die überstarke Gravitation zwar Zeitreisen in die Vergangenheit anfangs noch erlaubt hat, diese aber durch die sich dauernd verstärkene Rückkopplung auch schnell wieder zerstört worden sind. Dadurch entsteht eine global gültige kosmologische Zeit. Erst danach können Zufall und Naturgesetz die Welt weiter aufbauen, siehe "kosmische Inflation" angeregt u.A. von Stephen Hawking, und "die ersten drei Minuten" nach Steven Weinberg. Mit der Kombination zu Atomen wird die geladene Welt-Brühe durchsichtig, der Sternenhimmel erscheint. Und jeder neu entstandene Teil realisiert eine von vielen Möglichkeiten und ist für später unwiderruflich.

All das haben viele grössere Geister in kleinen Schritten zusammengesetzt, und manche Spekulation schon angedacht. Aber wissenschaftlicher Takt und Vorsicht verlangen natürlich die Spekulation nicht so ins Kraut schiessen zu lassen wie ich es mit meinen Andeutungen tue. Am Ende ist es besser wenn der Philosoph schweigt.

Lass die Kirche im Dorf

Weiter oben habe ich die Frage was ich in einem zweiten Leben anders machen würde nur auf mich persönlich bezogen. Als nächstes habe ich mich zu waghalsigen kosmologischen Spekulationen hinreissen lassen. Dabei ist mir folgender Gedanke als einleuchtenste Konsequenz hängengeblieben: Eine Wiederholung des Weltgeschehens oder eines Teils davon ist prinzipiell unmöglich.

"Du kannst nicht nochmals in den selben Fluss steigen",

ein Ausspruch den man Heraklit zuschreibt. Trotzdem ist es allgemeine Grundlage der Gesetze und (fast) jedermann ist überzeugt dass man über sein Tun und Lassen nachdenken und Rechenschaft ablegen soll und muss.

I.4.2 Time travel

Nun aber zu den noch wesentlich interessanteren und tiefsinnigeren Rückbezüglichkeiten in der Physik. Es erwacht in mir der spekulierende Physiker. Gibt es Zeitreisen? Durch Spezielle wie auch Allgemeine Relativität ist bewiesen, dass Zeitreise in die Zukunft möglich ist. Der Flug um die Welt reicht für eine sehr kleine Zeitreise, wie auch durch Mitnahme von entsprechend genauen Uhren experimentell bewiesen. Bei diesem Experiment fliegt ein Partner mit der genauen Uhr um die Welt, während der andere Partner mit einer zweiten solchen Uhr zu Hause bleibt. Nach der Rückkehr zeigt ein Vergleich der beiden Uhren, dass der Reisende ein bischen jünger ist als der zuhause Gebliebene. Im Übrigen braucht der arme Kerl nicht einmal auf dem Flughafen zu warten,—er kann ruhig nach Hause gehen zum Trost dass er nun ein wenig älter ist als der Reiselustige..

Der Aufenthalt in einem starken Gravitationsfeld ist eine andere Möglichkeit für eine Zeitreise in die Zukunft. Man müsste sich im Hohlraum einer schweren Bleikugel von der direkten Einwirkung des Feldes schützen.

Aber gibt es auch Zeitreise in die Vergangenheit? Dann könnte man das eigene Leben nochmals durchmachen. Das gibt schon genügend Wiedersprüche.

Der schlaue Gödel hat nun in der Zeit als er täglich mit Einstein zum selben Institut for Advanced Studies spazierte, Interesse an der Allgemeinen Relativität gefunden. Er hat eine mathematisch korrekte Lösung der Feldgleichungen der Allgemeinen Relativität gefunden, die eine geschlossenen Raum-Zeit Geodäte enthält. D.h. durch Verweilen auf dieser Weltlinie kommt man unweigerlich in seine eigene Vergangenheit. Roger Penrose hat diese Arbeit als eigenständig und kreativ gelobt.

Was sagt der kürzlich verstorbene Hawkings dazu? Es gibt ein Video mit ihm wo er auch über Zeitreisen spricht. Er behauptet darin dass die geschlossene Raum-Zeit Geodäte unweigerlich zu einem Rückkopplungseffekt führt, wie ihn jeder von der Verwendung eines zu laut verstärkenden Mikrophons kennt. Es sind abermals (wie beim schwarzen Loch) die Quantenfluktuationen die alles so entscheidend beeinflussen. Kein Mensch oder Messgerät könnte die auf einer geschlossenen Raum-Zeit Geodäten herrschende Strahlung überstehen. Schluss mit der Zeitreise!

Die mathematische und physikalisch Welt entspricht einander so weit ganz gut. Die Rückkopplung führt bei mathematische Programmen nur zur ständigen Wiederholung. Ein Drei Zeilen Programm das immer wieder "Pascal" schreibt ist leicht herzustellen und läuft in dieser Programmiersprache ohne weiteres solange man will oder bis man den Computer ausschaltet.

Die Reise in die Zukunft dagegen entspricht grob dem Aufruf desselbe input mit kleinerer Grösse. Die Zeitreise in die Zukunft ist möglich. Man kommt hier jedoch durch die Grenzen der eingesetzten Mittel zu einem Stopp, also nur Zeitreise in die *nahe* Zukunft ist möglich.

Hier eine Bemerkung von Klaus Schubert, Professor für Elementarteilchenphysik.

PS: Durch das ausgezeichnete Buch von Lee Smolin kämpfe ich mich weiter durch. Ich bin jetzt im Kapitel 15 (Beyound String Theory) von den zwanzig Kapiteln. Sehr sympathisch, wie das Prinzip der Kausalität zum fundamentalsten aller Prinzpien erhoben wird. Die Theorie der Quantengravitation soll folgen aus drei Prinzipien:

(1) Space is emergent,

(2) its fundamental description is discrete,

(3) this description involves causality in a fundamental way, so Smolins Wunsch auf Seite 241.

I.5 In der Gesellschaft

I.5.1 Merkels Überraschung

`Hallo Freunde,`

Die Zeit eilt und Weihnacht fast da und bald NeuJahr. Nach der ernsthaften Weihnachtspredigt von Richard schicke ich einen etwas leichtgewichtigen Gruss zu Neujahr,—mit aktuellen politischen Bezug.

Wie steht es mit dem politischen Weltgeschehen. Die niederschmetternden Fehler der vergangenen Jahrzehnte lassen mich verzweifeln. Kaum hat Merkel die Tür zur Zukunft der deutschen Politik nur einen Spalt breit geöffnet scheint alles wieder möglich. Ist der nächste Bundeskanzler etwa eine Putzfrau oder ein Pilot?

`Viele Grüsse Franz`

Die Kandidaten

Aber der Reihe nach. Zur Wahl steht am 7. Dezember der Parteivorsitzende der CDU. Sie hat sich schon mit Angelas Hilfe in die Startlöcher begeben: Frau Annegret Krampp-Karrenbauer ist eine begabte Politikerin, und beim Karneval war sie nicht Prinzessin, nein, sie war Putzfrau.

Von der anderen Seite kommt er in seiner eigenen kleinen Cessna angeflogen, der vielfache Aufsichtsratvorsitzende, unter anderem von Blackrock in Deutschland: Herr Friedrich Merz. Er verkündet ein mittelklasse Millionär zu sein und gibt (vielleicht zum Beweis dafür) seine Steuererklärung auf einem Bierdeckel ab. Also in der Hinsicht ist er sparsam. Er hat gut von Herrn Schäuble gelernt, wenn nicht von Schlimmeren.

Der Herr sieht betont frisch aus. Unser auch so flott-liberale Herr Lindner kann sich ein Beispiel nehmen an ihm. Man hört bald von Rivalitäten mit Merkel die schon sechzehn Jahre her sind. An wen erinnert mich Herr Merz? Was für ein Mensch ist er?

Etwas Literatur

In meiner Zurückgezogenheit greife ich gerne auf die Literatur zwecks Vergleichens zurück. Wer war ähnlich reich. Wer hat sein Geld so heimlich wirken lassen.

In Jane Autin's meistbekanntem Werk "Stolz und Vorurteil" ist Herr Darci aus Pemberley der superreiche grosse Herr. Man erwähnt sein Jahresverdienst nur flüsternd. Ein einfacher Mann könnte davon zwanzig Jahre aushalten. Aber im Laufe der Geschichte wird er immer sympatischer. Nachdem die jüngste von den fünf Bennett Töchtern vom Bösewicht Wickham entführt wird und beinahe in der Gosse endet, gelingt Darci ihre Rettung. Als Vormund seiner zehn Jahre jüngeren Schwester hat er Detailkenntnis des Milieus der Londoner cheap side und kann die entführte Lydia dort wiederfinden. In gekonnten Verhandlungen setzt er unter anderem sein eigenes Geld ein, und ermöglicht schliesslich eine ehrenvolle Heirat von Lydia mit ihrem Entführer Mr. Wickham. Niemand, am wenigsten die kluge Elizabeth hätte ihm das alles zugetraut. Sie hatte seinen ersten Heiratsantrag abgelehnt, und ihm obendrein schwere Vorwürfe gemacht. Die beiden Klügsten der Geschichte finden zusammen und heiraten.

Darci hat einen edlen Kern in einer rauen Schale. Sogar Einsicht in die eigenen Fehler und Schwächen sind ihm möglich. Könnte das ein Vorbild für Friedrich Merz sein?

Hier ein Gegenentwurf: Dürrenmatt lässt die alte Dame nach zwanzig Jahren in ihr Heimatkaff zurückfliegen, auch mit eigenem Flugzeug. Sie hat mit Spekulationen inzwischen Millionen verdient und möchte nun eine alte Rechnung begleichen. Der lokale Autohändler war damals ihr Liebhaber, es gab eine Affäre, die er vertuscht hatte. Sie wird nunmehr mit Blasmusik empfangen, zieht sich aber augenblicklich in ihr Hotel zurück und wartet alles Kommende ab. Zuvor hat sie ihrem Heimatdorf Güllen und seinen Einwohnern Spenden in Millionenhöhe versprochen. Aber unter einer Bedingung: Gerechtigkeit. Immer mehr Ratsherren finden Ausreden um den Autohändler zu beschuldigen. Das Dorf verteilt ihr Geld bevor es überhaupt da ist. Das böse Ende kommt, ihre Rache gelingt. Nachdem der Autohändler tot ist, verschwindet die alte Dame sofort.

Könnte jene Geschichte ein Vorbild für Friedrich Merz sein? Alte Geschichten begleichen, eigenes Flugzeug, nur Warten, und die Öffentlichkeit zu gewagten Hoffnungen und Sprüchen provozieren. Das passt doch alles recht gut.

Welcher Vergleich besser auf Herrn Merz passt, weiss ich nicht und werde es wohl nie wissen. Alle waren sofort angetan von dem frischen neoliberalen Herrn. Man glaubt es ihm auch—sein Geld und seine süsse Rache. Aber lieber Herr Merz ich frage Sie, heisst es nicht in einem noch älteren Klassiker: "Die Rache ist mein spricht der Herr". Und dieser Klassiker firmiert sogar im Namen Ihrer Partei. Wie soll das zusammenpassen? Vielleicht sind Sie, Herr Merz, einfach in die falsche Partei geraten. Herr Lindner ist schon blass vor Neid auf Ihre show und Ihr Geld. Das ist doch die aufrichtigste Bewunderung. Was ist der Raub einer Bank gegen die Gründung einer Bank.

Die Gratulation

Inzwischen ist die neue Generalsekretärin der CDU gewählt worden. Da möchte ich doch nach meiner Gratulation gerne der Annegret noch einen Rat ins Ohr flüstern: Also wenn schon nicht deine Steuererklärung auf einen Bierdeckel passt, dann soll doch wenigstens dein Name draufpassen. Versuche es doch einfach mal als Annegret Karrenbauer. Klingt doch richtig bodenständig. Sie steht mit beiden Beinen fest im Leben. Was im Lande nothtut und ansteht, sie sieht es, krämpelt die Ärmel hoch und packt zu. Und da fällt mir noch ein: für die Fans bist du einfach AKB. Man sieht gleich, du kannst nicht nur A sondern auch B sagen. Ist doch ein Fingerzeig für eine grosse Zukunft, vielleicht als Bunderkanzlerin. Alles Gute.

Der Bierdeckel ist leider verlorengegangen. Nur meine Zeitung als schwachen Trost gibt es noch. Was für eine Zeitung! Aber Entschuldigung, es kommen mir ganz andere alte böse Jugenderinnerungen. Mein schöner Aufsatz ... mal wieder ... die reinste Bierzeitung.... Ich mag es nimmer hören, Schwamm drüber.

Also dann erst recht. Allen lieben Freunden und Gesellen wünsch ich ein erfolgreiches Neues Jahr. Prosit NeuJahr!

I.5.2 Antwort von Hans-Peter

`Lieber Franz,`

danke für die betrachtungen zur aktuellen politischen lage in deutschland bzw. der cdu insbesondere.

Sieht man die weltlage, so ist klar, dass der trumpismus inzwischen überall ein hit (d.h. ein "symptom") ist; zwar nicht immer in der gestalt eines arschlochs wie Donald Pussy-Tr—, aber dennoch... siehe Türkei, Russland, Indonesien, Polen, Ungarn... und und und. Warum sollte das an deutschland also einfach so vorübergehen? Wir haben eine neue cdu-frau—aus dem äußersten westen deutschlands, die ultra-katholisch ist, und den aktuellen papst rechts überholt. Vorher war's eine ungläubige aus dem äußersten osten, ohne kinder—also durchaus akzeptabel für 1/3 der deutschen bevölkerung.

Jetzt geht's nach rechts und "christlich"...
Warum wohl hat der Horst-obergrenze-seehofer kreide gefressen? Die zeit arbeitet für ihn und für Merz—denn "das volk" will einen "mann", am besten einen wie trump—einen aus god's own country—also einen millionär... denn das ist die hoffnung des sog. kleinen mannes: wenn DER das schafft, dann schaffe ich das auch! D.h. der als kanzler (als präsident) soll mir die entgangenen millionen bescheren... die anderen haben mich um mein lebenswerk betrogen! Lügenpresse, systempolitiker. oststaaten resp. Weststaaten-elite. Was der osten deutschlands will: die BRD wie die DDR, d.h. alles hat arbeit wie im osten (egal was man treibt) und alles ist reich—wie früher der westen...

Die sache hat aber einen haken: so hat nicht einmal der von Marx analysierte kapitalismus ausgesehen! (Aber wer kennt schon noch Marx?) Also: ein "starker mann" soll's machen, was uns Kohl einst versprochen hat: blühende landschaften ohne ende...

Merz hat demnach seine zeit noch vor sich, auch wenn es eine zeit ist, die passé ist. Die menschen sind einfach gesindel— früher schon und heute im zeitalter des internet noch mehr. Wenn du ein wenig in Nietzsches "Unzeitgemäßen Betrachtungen", Teil 2, gelesen hast, so wird dir aufgefallen sein, dass die antiquarischen geschichtsbetracher immer schon die "gute alte zeit" zurückhaben wollte, die es nie gegeben hat.

Konkret: Merkel wird nächsten jahr ihren job abgeben, die wahl wird stattfinden zwischen den rechtsextremen (afd) und der cdu/csu; letztere wird koalitionspartner brauchen; was sich anbietet ist die afd, die grünen (die neu-religiöse partei des Ablasshandels: ich fahr mein wohnmobil und reise x mal per flugzeug oder luxusdampfer in den urlaub und wähle dafür "grün"), die fdp. Wer wird da wohl das rennen machen?

Die situation in frankreich ist dieselbe, mit dem unterschied, dass M. Marcon keine partei hinter, sondern eine bewegung VOR sich hat... Wir leben also in einer wunschgesellschaft—es ist immer weihnachten, und der weihnachtsmann, den wir wählen, der soll's machen. (amazon wird liefern.) Die franzosen machen's grade vor: 1. Macron hat dem druck der straße nachgegeben, also hören wir auf. 2. Macron hat dem druck der straße nachgegeben, also machen wir weiter. Wer behält recht?

Ich wette: die Kollapsologen. Willkommen in der brave new world.

`lghp`

I.5.3 Zu Ernst Bloch

Von Ernst Bloch habe ich zuerst von meinem Freund Thomas Reghely gehört, der in Tübingen Philosophie studiert hat und mit dem ich die Wohnung geteilt habe. Er war immer so begeistert von Bloch und hat oft gefragt: wann gibt es mal wieder eine richtige Demo? Mir hat es aber mehr geholfen dass er immer gemahnt hat den Kühlschrank sauber zu halten. Inzwischen ist wohl möglicherweise in Frankfurt Steuerberater geworden.

Später habe ich während langer Bahnfahrten "Das Prinzip Hoffnung" von Ernst Bloch gelesen. Ich war erstaunt wie unterhaltsam diese drei Bände sind. Leider habe ich sie nirgens als Hörbücher gefunden. Die Reden von Bloch gibt es teilweise als Hörbuch, aber davon ist mir kein halber Satz im Gedächtnis hängen geblieben.

Bloch war wohl in der Weimarer Zeit hauptsächlich Journalist, musste vor den Nazis fliehen und hat im amerikanischen Exil das *"Prinzip Hoffnung"* geschrieben. In USA ist es ihm aber wiederum schlecht ergangen. Nach dem zweiter Weltkrieg wurde er in Leipzig Professor, ist aber nach dem Ungarn Aufstand in den Westen nach Tübingen geflohen. Ruhm und Jubel kam über ihn nach dreimaliger Flucht!

Sein Hauptthema sind die Utopien durch die menschliche Geschichte, neben Marx auch Thomas Münster und "der Sonnenstaat" von Thomas Morus. Er beschwört geradezu Zukunft und Hoffnung. Die ganze Kultur und Zilvilation sieht er unter diesem Winkel. Für meinen Geschmack ist er aber meist zu abstrakt philosophisch, leider.

I.5.4 Die Lemming-Universität

Die Universität Köln ist eine Exellenz Universität. Zugleich gibt es nicht genügend Lehrkräfte für Anfängervorlesungen. Der Spiegel hat vor einiger Zeit ein Bild von einer Anfängerveranstaltung in einem grossen Amphitheater-artigen Auditorium mit über tausend Hörern gezeigt.

Das Curriculum der Studiums bedarf dringend der Neugestaltung. Ich weiss es ja aus eigenen Erfahrungen, und den Misserfolgen meines Sohnes obendrauf. Der Anreiz und Charme der theoretischen Wissenschaft ist enorm. Nur jemand der ohnehin keinerlei Interesse an Theorie hat, wie mein jüngerer Spross, bleibt unbeeindruckt. Dagegen sind alle Anwendungen der Theorie voller schmutziger Unklarheit. Jeder andere Studierende wird von Anfang an mehr und mehr zur Abstraktion erzogen, und erleidet spätestens beim Einstieg in das Berufsleben die nachteiligen Folgen. Von einem Physiker oder Mathematiker verlangt die freie Wirtschaft dann schnelles Nachlernen. Das alles mag ja für ein paar Genies möglich sein, aber jeder Akademiker eine Stufe darunter bleibt dann für zu lange Zeit nur ein kleiner Zuträger, oder erleidet ganz Schiffbruch.

Dazu kommt: das Alter in dem Akademiker heiraten, wird immer später. Nicht nur für Frauen ist das sehr ungesund. Dass alte Väter grausam und schlecht für die Kinder sind, ist geradezu biblisch belegt.

Die Probleme können aber nicht nur von der jungen Generation allein gelöst werden. Deutschland, Frankreich, die Schweiz, Holland müssten jeder zumindest eine Universität gründen, mit dem klaren Ziel, die zukünftig entscheidenden Technologien voranzubringen, und das Studium von vorherein daraufhin auszurichten.

Die Themen liegen auf der Strasse, ich greife mal einfach heraus:

- Grosstechnischer Wasserbau,
- Meerwasserentsalzung,
- grosstechnische Herstellung von alternativen Brennstoffen.
- Weiterhin Operations Research, mathematisch fundierte Logistik und Managment, usw.

Das bischen Geld von der CO2 Abgabe liesse sich endlich sinnvoll einsetzen. Wenn ich so in Utopien denke, wird mir klar wie schlimm unsere Kanzlerin versagt und alles im argen lässt.

`Lieber Franz,`
danke für deinen lemming-brief, der mir anlass zu einer bemerkung zu Frankfurt und Thomas Reghely ist: T.R. hat vor jahren mit andren zusammen einen philosophischen arbeitskreis bei mir um die ecke ins leben gerufen, eine meiner ehemaligen abiturientinnen war auch mit von der partie. Inzwischen sehe ich T.R. regelmässig von weitem in der katharinenkirche bei den orgelkonzerten montags und donnerstags: es ist lustig, wie klein die welt ist, wenn man weiss, wie man genauer hinschaut...
`Hans-Peter`

I.5.5 Kein Amerikaner

Ich will übrigens kein Amerikaner werden, die Notwendigkeit dafür besteht in meinem Fall nicht. Auch in sofern bin ich weder Einstein noch Thomas Mann. Tilman kreidet mir an, es wäre bindende amerikanische Sitte nur mit Gleichgesinnte so detailierte Meinungen (die auch nicht überall restlos begründet sind) zu tauschen. Das halte ich auch für falsch, obgleich es sicherlich meistens so ist. Siehe meine nächste mail.

`Hallo Freunde,`
Das was Hans-Peter, und auch was ich gelegentlich (weniger) über Politik schreibe halte ich durchaus von allgemeinem Interesse. Man muss froh sein auch mit Menschen anderer Meinung und Hintergrund kommunizieren zu können. Dass das nicht selbstverständlich ist, wird mir erst klar, wenn ich mir vorstelle, stattdessen

(1) als noch arbeitender an die Kollegen im department in ähnlichem Stil zu schreiben; oder

(2) wo noch mehr Vorsicht geboten ist, vor der Klasse zu stehen.

Im Fall (1) wäre nach meiner Auffassung entsprechende Verbreitung der obigen Information heuto zwar noch statthaft, aber wäre sie auch zu empfehlen? Im Fall (2) verstehen sich strenge Regeln betreffs der Enthaltung zu sachfremden Themen.

Beim Nachdenken wird mir auch klar, dass für Menschen die nicht so fest im Sattel sitzen all das heikler wird.

Selber meine ich aber, hier (email usw.) genügend Rücksicht auf anderen zu nehmen. Nur noch mit Menschen gleicher Meinung zu sprechen ist auch eine hinterlistige Form der Zensur.
`Alles Gute. Franz`

I.5.6 Hans-Peter und Erwachsenenbildung

Nach dem durchgang durch alle formen des linksradikalismus (Horkheimer/Adorno/ Habermas/Walter Benjamin, Marx, Lenin, Stalin, Trotzki, Mao) in deutschand und frankreich habe ich nochmals versucht an der Uni fuss zu fassen [siehe mein ausführlicher lebenslauf im Abi-Jubiläumsband 2016], habe das aber in den 70ern aufgegeben, weil ich – obwohl ich schon einen teil meiner dissertation fertig hatte – die ersten ausläufer einer gnadenlosen hatz und konkurrenz auf unistellen mitgekriegt habe; die haltung, dass jeder akademiker des anderen feind ist (und ich meine "feind" und nicht nur "gegner" oder "andersdenkender"!), entsprach ganz und gar nicht meiner politischen und wissenschaftlichen ethik.

Deshalb habe ich mich – wie einst Wittgenstein – in die schule verdrückt, um jungen menschen bzw. jungen erwachsenen, noch VOR ihrem einstieg in die universität oder auch zur unterstützung einer anderen lebensperspektive, eine hilfreiche begleitung zu bieten. Politik, Wissenschaft (besonders Philosophie und bis heute: Theaterwissenschaft) sowie vor allem Psychoanalyse haben mich seit dem beginn meines studiums 1966 in Heidelberg (Gadamer, ein heideggerschüler, Karl Loewith, Karl Popper, Wittgenstein, Carl Schmitt, Freud, Lacan, Derrida, Samuel M. Weber u.v.a.m) aber nie verlassen.

In der klapprigen rüstung eines waisenkinds, das von einem proletarierehepaar adoptiert worden ist und im engen sozialen rahmen eines dorfs in den muffigen 50ern aufwuchs, war ich einfach zu mangelhaft ausgestattet für ein bourgeoises leben. das soll wiederum keine (an-)klage sein (obgleich bei aller verneinung immer auch das gegenteil mitschwingt), denn andererseits haben mir meine adoptiveltern, so gut sie eben konnten (und unter riesigem eigenem verzicht), geholfen, ein einigermaßen vertretbares leben zu leben.

Woran ich aber nie auch nur einen gedanken verschwendet habe, ist: die maxime *"audiatur et altera pars"* [3] je aufzugeben! Denn das, was man heutzutage "identität" nennt (und was immer bloß "identifizierung" bedeutet – nämlich: die "identifizierung mit dem begehren des begehrens des anderen" (genitivus subjectivus und objectivus) / ich nenne es heute "ursprüngliche veranderung") —, basiert nur im und durch den mechanismus des distinktionsvermögens der SPRACHE selbst (jeder buchstabe, jedes wort gewinnt nur existenz oder dann auch "sinn" durch einen weiteren buchstaben, durch ein weiteres wort—also: durch eine unendliche supplementierung—...man könnte das auch ein lebenslanges, ja über den eigenen tod hinausweisendes gespräch nennen): das ist vielleicht in toto das "gesetz des lebens" (und es beherrscht lebendiges ebenso wie sog. totes, kultur wie natur):

> "Ein Zeichen sind wir, deutungslos,
> Schmerzlos sind wir und haben fast
> Die Sprache in der Fremde verloren."
>
> Hölderlin: Mnemosyne, 2. Fassung

`Lieber Hans-Peter,`

Deiner Überzeugung nach muss man die Jugendlichen also schon vor der Studienzeit erziehen. Erst zu spät sehe ich ein, wie recht du hast. Das sehe ich auch an deinen Erfolgen. Auf Anhieb

[3] "Gehört werde auch der andere Teil." Es ist das Prinzip dass niemnad verurteilt werde sollte ohne eine faire Anhörung, bei der jeder Partei die Gelegenheit gegeben wird auf die Anklage gegen sie zu antworten.

finde ich *vier Bücher* im Angebot online, die von dir zwischen 1978 und 1990 verfasst worden sind. Während der Vollzeit Beruftätigkeit als Lehrer für Französisch, hast du im Jahr 1995 den psychoanalytische Arbeitskreis Frankfurt am Main gegründet. Du warst viele Jahre Vorstand in Vereinen und schreibst sehr oft Rezenssionen zu Filmen. Letztes Jahr ist ein Buch, von dir aus dem Französischen übersetzt, veröffentlicht worden. Klingt da nicht die obige mail wie "fishing for complements"? Deine Verdienste sind doch nicht von selbst gekommen, sondern erst durch deine intensive ständige Fortbildung möglich geworden. Ausserden noch die ganze Kommunikation mit den ehemaligen Klassenkameraden, der auch ich viel Anregung verdanke.

`Herzliche Grüsse Franz`

I.5.7 Mit Giorgio Agamben verloren

Giorgio Agamben war in den 60er aufmerksamer und kritischer Schüler von Heidegger und arbeitet seit einiger Zeit an "Dekonstruktion" des abendländischen Denkens, mit der Ausdruckweise von Hans-Peter. Agamben hat sowohl in Italien, Deutschland und den USA gelehrt, genauer Chicago, wie auch Jean-Luc Nancy oder Sam Weber. Er schliesst an Heidegger und Freud an.

`Hallo Hans-Peter`

Hier ein paar meiner Eindrücke zu Agamben. Was hier geschrieben ist, sei erst ein Anfang. Vielleicht hast du trotzdem ein bischen Freude daran. Weil ich nichts mehr von dir höre. Ich bin irgendwie nicht fertig mit Agamben.

Ich bin der Ansicht dass der Artikel von Giorgio Agamben sowohl ein mathematisch logisches alsauch ein physikalisches Problem anspricht,— beide aber noch mehr vermischt werden als statthaft. Ein bischen verstimmt mich dass alle seit Frege geschehene Entwicklung keineswegs Agamben bekannt und von ihm verfolgt wird.

Die Gefahr grosser Geister ist immer wieder, doch zu viel zu wollen. Nach einer ersten Genietat scheitern sie dann. Die populäre Meinung wirft dann oft alle neue Erkenntnis weg. Das bezieht sich in Abwandlungen auf Frege, Cantor, Hilbert, Gödel, Einstein. Vielleicht haben sich nur Feynman und Hawking mehr vor dieser Gefahr gehütet.

Mit solchem Ungefähr kommt man nicht weiter. Das ist aber eben eine der populären Irrtümer. Ich brauche nun ein bischen Erholung. Ich hänge mal an was ich geschrieben habe. Kann Agamben besser Deutsch oder Englisch. Hast du eine email adresse von ihm? [4]

`Alles Gute und bis bald.  Franz`

Hans-Peter bedankt sich für meine Beharrlichkeit. Er denke jedoch auf einer ganz anderen Ebene, er beschäftige sich zur Zeit mit dem Problem von "Identität und Identifikation, besonders im psychoanalytischen Sinne". Mir ist schleierhaft was man darüber wissen oder sagen soll.

Es geht auch um Sprachtheorie und deren Folgerungen: da begegne man auf Schritt und Tritt dem Möbiusband und dem borromäischen Knoten. Da kann ich ja mal eruieren was das ist, aber warum soll es Schwindel und Angst erzeugen?

Meine Vorstellungskraft ist natürlich begrenzt, deshalb können zu komplizierte Verwindungen auch Übelkeit erzeugen. Warum ich aber differenzierbare oder topologische Mannigfaltigkeiten, und ausgerechnet die obenerwähnten Fälle, als Modelle für Bewusstseinsvorgämge heranziehen soll, bleibt total unklar. Warum gerade zweidimensionale Mannigfaltigkeiten, das

[4](Bemerkung: Ich möchte den Leser dieses dünnen Bändchens aber erstmal meine weiteren Ausführungen ersparen)

scheint mir willkürlich. Als geeigneter Raum zur Beschreibung der Farbwahrnehmumg wurden in einer Seminarstunde bei KPH einige dreidimensionale Mannigfaltigkeiten vorgeschlagen.

Eine mailadresse von Agamben wäre schon gut zu haben. H.-P. kann sie leider auf seinem PC nicht mehr finden. "Willkommen im Klub", will ich sagen. Aber sogar PCs stürzen ab, computer sind eben auch nur Menschen und vergesslich. H.-P. empfiehlt noch eine Suche im internet. Das hat bei mir bis jetzt nicht geholfen.

Lieber Leser, wohin habe ich mich verlaufen, und schlimmer noch Sie entführt. Wie die frühen ägyptischen Asketen werde ich mich jetzt in (m)eine "Höhle" zurückgeziehen und beschäftige mich mit meiner Vergangenheit an der Universität.

Hans-Peter beschäftigt sich derweilen aus Anlass der 50jährigen 68er Feiern mit seiner, und nicht nur seiner, politischen Vergangenheit und Gegenwart. Hoffentlich mögen Sie ihm dahin (in eine andere Höhle) folgen. Das Agamben-problem ist da nur ein Kriegsschauplatz unter anderen. Weiter tobt der Kampf. Agambens neues Buch zu "Karma" ist ziemlich starker Tobak, aber im höchsten Maße geistig förderlich!

Hans-Peter schreibt deshalb komme auch der Diskurs mit mir etwas ins Hintertreffen. Die mathematischen Ansätze mag er trotz aller Anerkennung nicht im einzelnen nachverfolgen. Ich habe auch versucht, den Leser dieses Bändchens möglichst zu schonen.

Zusammen mit Hans-Peter spekulieren wir noch über Georg Cantor, den Begründer der Mengenlehre. Wie manche seiner Genossen von den Geisteswissenschaften spricht H.-P. von einem Fall geistige Selbstaufgabe. Dazu das Folgende. Mit Sicherheit gibt es in Cantors Leben einen Hyatus von vielen Jahren, während deren er sich nicht mit Mathematik beschäftigt hat und wohl auch nicht konnte. In Cantors Briefen aus diesen Jahren liest man, er fühl;e sich nicht so frisch in letzter Zeit, und findet unter anderem auch Spekulationen über den Ursprung von Shakespears Dramen. Auf jeden Fall aber hat er sich nach Jahren wieder gefangen, und noch einen zweiten Beweis für die Überabzählbarkeit der reellen Zahlen publiziert und bei der Gründungsversammlug der DMV (Deutsche Matematiker Vereinigung) vorgetragen. Dieses berühmte Diagonalagument ist eng verwandt mit dem Russell'sche Paradoxon. Die Paradoxien der Mengenlehre waren ihm wenig später auch geläufig. Sie haben ihn aber nach Ansicht mancher Biographen nicht aus der Bahn geworfen. Anderseits sagen seine Biographen er hätte wohl auch psychische Problem gehabt wenn er Bäcker gewesen wäre.

Wie dem auch sei, Hans-Peter sagt ganz richtig, an universale Probleme rühre man nicht ungestraft. "Ich weiß nicht, ob er eine handfeste Frau um sich hatte wie Hawking, die ihn ab und zu daran erinnerte: "Stephen, du bist nicht Gott!" ? Eine Erdung scheint mir nicht das Verkehrteste."

I.5.8 Trost bei Günther Grass

Zwar nicht ein Insasse einer Heil- und Pflegeanstalt, aber ich bin auf beiden Augen legal blind, das kann ich schriftlich geben. Viele Menschen sind davon bewegt ihr Leben dann und wann zu rekapitulieren. Mir fehlt der immense Drang dazu. Berühmte Menschen aller Zeiten haben mir immer mehr Markierungen meiner Jahre bedeutet als meine Grosseltern. Also warum schreiben? Was will ich dadurch besser machen?

Ich liebe es zu erklären, aber nur wenige hören mir zu. Menschen kann ich nicht zu meiner Unterhaltung gewinnen. Ich kann sie kaum halten solange sie nicht eigenen Nutzen sehen. So denke ich auch immer ein bischen an den Nutzen der anderen. Diese ziemlich dreckige Wahrheit hat mir ziemlich lange Zeit die Lehre an einer Universität ermöglicht.—

Schon damals, noch im Besitz meine vollen Sehkraft zumindest auf dem rechten Auge, wollte ich mehr. Ein bischen mehr Klarheit in der Entwicklung der Wissenschaft und insbesondere Mathematik wäre schon mein Ziel. Wo beginnen? Ich habe zwar keine Blechtrommel, und wenn Übungblätter etwas ähnliches sind musste ich meiner schlechten Augen wegen inzwischen Ade sagen. Auch müssen die Blätter auf den täglichen Bedarf passen. Bleibt nur der Computer, mit leichtem Tippen und gutem Gedächtnis. Nur verwirrt mich immer wieder die Notwendigkeit ab und zu doch Ordnung zu machen, etwa Titel und Themen anzugeben. Dann verliere ich zu oft das Interesse. Oder finde selbst die eigenen Notizen nicht mehr.

Das alles weckt schon üble Erinnerungen wach bis in die Schulzeit zurück. Heisst es nicht: der Geist weht wo er will. Davon wollte der Herr der mein Deutschlehrer war nichts wissen. Was wollte er? Ich bin mir sicher er wollte in Ägyptologie promovieren und vom alten Ägypten immer mehr sehen und erfahren. "Beim nächsten Besuch in Kairo kann man ja auch mal das islamische Museum besuchen" Vielleicht geht es heute zutage gar nicht anders, weil man nur so die Eintrittskarten zu Kairos Museen bekommen kann. Wie die Zeiten sich ändern.

Die Museen verstehen sich ja alle ganz gut auf Ordnung. Die Mathematik hat aber so viel Ordnung in sich selber, dass man beim Erfinden und Suchen lieber die Gedanken schweifen lässt. Wo spricht man in der diesseitigen Welt und ihren Disziplinen überhaupt vom Unendlichen? Nur in der Mathematik. Aber anders als in allem nur erdenklichem Reden und Wollen über Gott, geht es hier nicht um Glauben. Was da ist als Halt vor dem Unbekannten, das sind die heutigen Sitten und Gebräuche der denkenden Menschen, ihre Erkenntnisse in die heutige übliche Form zu bringen. Auch das ist also wieder zeitbedingt. Auf der anderen Seite hat jede Wissenschaft ihre Geschichte. Wie spät habe ich das zu sehen gelehrt. Aus all dem zusammen erhofft man irgendwie mehr Erkenntnis und mehr Wahrheit. Auch Nützliches und eben Fortschritt.

Davon hat ja mancher von euch in der einen oder anderen Form gehört. Was bedeutet das für mich. Das Leben und die Jahre machen bescheiden. Die Hoffnung ist mir jedoch geblieben, einige der Stoffe aus der Mathematik wo ich wenigstens etwas schon gearbeitet habe zu mehr Klarheit zu bringen. Klarheit gefällt mir auf jeden Fall viel besser als Ordnung. "Die Oberfläche muss rau bleiben". Unfertiges soll nicht vortäuschen fertig zu sein. Der kluge Leser hat vielleicht inzwischen bemerkt von wem ich hier zu lernen versuche.

Wie gewinne ich nun mehr Klarheit? Alle Erkenntnis fängt sozusagen in der Mitte an: da wo die Welt des Alltags die Wissenschaft berührt. Von da aus geht man rückwärts, hin zu besserer Klärung von immer mehr Zusammenhängen, und vorwärts zu neuen Folgerungen, Beispielen und Überraschungen. So gesehen ist es nicht nur Günther Grass Laune eine Geschichte in der Mitte anzufangen. Die Mitte ist eben am nächsten zum Alltag. Also ist man beim alten didaktischen Prinzip " vom Einfachen zum Fortgeschrittenen" angelangt wenn man in der Mitte beginnt.

Anderseits ist es schliesslich modern die klassischen Formen zu durchbrechen, man befreit sich von den Zwängen von Zeit und Raum, wie mein lieber Günther Grass es begründet. Mir kommt ein leises Lächeln denn von den Zwängen von Zeit und Raum sich zu befreien davon will ich noch hören lassen.

Meine Geometriestudenten hatten wohl nichts dagegen wenn mein Kurs mit Thales und seinem rechten Winkel im Halbkreis begann, manchmal auch mit den Proportionen. Für die Einführung in die diskrete Mathematik habe ich oft mit Cantors Idee begonnen "eine Menge ist eine Zusammenfassung von Objekten unseres Denkens oder unserer Anschauung zu einem Ganzen." Das klingt so harmlos nett und gut verständlich. Es führt allzu schnell zu den paradisischen Unendlichkeiten. Mit oder ohne Paradoxien wird bald klar dass man klare Begriffe benötigt. Also spricht man besser von einer Menge und ihren Elementen und führt schon zu Anfang die Enthaltenseinsrelation "Element liegt in Menge" ein,–als Formel geschrieben etwas $x \in A$.. Diese Relation $\in$ habe ich bei Cantor nicht gefunden. Sie geht wohl auf Bolzano oder auf Zermelo zurück.

Allmählich dämmert vielleicht auch dem Leser dass "klare Begriffe" etwas anderes ist als einfach allgemein verständliche Sprache. Aber auf jeden Fall sollen und müssen die klaren Begriffe ausgesprochen werden. Der ersten Teil von Hilberts Programm ist dazu der wesentliche Fortschritt.

I.6 Kafka

I.6.1 Beim Lesen von Kafkas "Ein Landarzt"

`Hallo Hans-Peter,`

Auch um zu probieren, ob es geht. Ich versuche aus der CD mit der Kafka-Lesung von Gerd Westphal dir "Ein Landarzt" zu schicken. Das ist wirklich grossartig. Ich habe es in letzter Zeit schon dreimal gehört.

`Alles Gute Franz`

`Lieber Franz:`

Nun zu Kafka: das ist natürlich nach wie vor ein hype, und ich hoffe, du kennst Kafkas Brief an den Vater! (Wenn nicht; unbedingt lesen bzw. hören!!!) der Landarzt ist eine wunderbare suerrealistische geschichte, in der die schwarze Romantik eines Johann Heinrich Fuessli (1790), ja sogar der Moses des Michelangelo ("die Finger im Barte") auftauchen und den späteren vampirfilmen (Polanskis Tanz der Vampire etc.) nahrung geben. Daneben sehe ich bei der neuesten lektüre auch eine fundamentalkritik der religion ("der pfarrer sitzt zu hause"), aber auch die kritik des glaubens an die moderne (natur-)Wissenschaft ("aber der arzt soll alles leisten...")... und - last not least - nicht zu vergessen: Kafkas angst vor der weiblichkeit bzw. dem eigenen sexualtrieb (siehe der knecht gegen Rosa...).

Aber was mich am ehesten interessiert, sind DEINE eigenen assoziationen. Das fände ich super!

`Lghp`

Was hat mich an der Geschichte so fasziniert?

- Vor allem die Pferde. Sie sind ein gesundes Geschwisterpaar von rüstigen Braunen. Aus dem Schweinestall gekrochen. Ganz überirdisch ziehen sie den irdischen Wagen im Flug. Neugierig und frech wie eine Katze stecken auch noch alles beide ihre Köpfe in das Fenster, und reissen es sogar auf. Sie sind aus verschiedenen Tierarten "zusammengenäht".

- Das atemloe furiose Getriebenwerden während der ganzen Nacht- und Nebelaktion, das den armen Arzt zu äusserster Anspannung bringt, inmitten der unglaublichen Überraschungen. Und trotzden wirkt irgendwie alles glaubhaft und passend für das gehetzte Leben eines Amtsarztes.

Mehr war es zu Anfang nicht. Beim nochmaligen Lesen kam manches hinzu. Die ganze Geschichte beginnt faul zu wirken. Hans-Peter gibt eine mythologische Erklärung auf die ich nicht alleine gekommen wäre. Ich möchte aber ohne so weit zu gehen die Unstimmigkeiten aufweisen.

Der Zweifel des einfachen Volkes an der Religion, und wie dieser Glaube durch die Erwartungen an die moderne Medizin ersetzt wird. Der Landarzt findet das unsinnig oder zumindest übertrieben:

> "Ich bin kein Weltverbesserer und lasse ihn liegen. Ich bin vom Bezirk angestellt und tue meine Pflicht bis zum Rand, bis dorthin, wo es fast zu viel wird. Schlecht bezahlt, bin ich doch freigebig und hilfsbereit gegenüber den Armen."...

> "So sind die Leute in meiner Gegend. Immer das Unmögliche vom Arzt verlangen. Den alten Glauben haben sie verloren; der Pfarrer sitzt zu Hause und zerzupft die Meßgewänder, eines nach dem andern; aber der Arzt soll alles leisten mit seiner zarten chirurgischen Hand. Nun, wie es beliebt: ich habe mich nicht angeboten; verbraucht ihr mich zu heiligen Zwecken, lasse ich auch das mit mir geschehen; was will ich Besseres, alter Landarzt, meines Dienstmädchens beraubt! "

Schlussendlich macht auch die Musik diesen ganzen Wandel mit, mit einem Dankeschor auf die moderne Medizin. Ähnliches existiert tatsächich in einer Oper von Puccini.

Warum denkt er immer wieder an sein Dienstmädchen? Hätte er sie nicht schon lange als Arzthelferin mitnehmen können und sollen? Sein Verhältnis zu ihr scheint gut und vertraut genug für eine solche Aufgabe.

Dass nicht alles mit dem Arzt stimmt, vermutet man schon als er den Patienten zunächst für gesund hält. Bald darauf hat auch der Patient bei der Untersuchung bemerkt:

> "mein Vertrauen zu dir ist sehr gering. Du bist ja auch nur irgendwo abgeschüttelt, kommst nicht auf eigenen Füßen. Statt zu helfen, engst du mir mein Sterbebett ein. Am liebsten kratzte ich dir die Augen aus."

Und dann ist der Arzt auch noch recht zufrieden, nachdem er dem Patienten erklärt hat, der müsse sterben. Es geht ja auch in der modernen Medizin, bei allen Erfolgen, so manches schief.

Aber noch mehr ist faul. Mich dünkt er mehr Sterbehelfer als Arzt zu sein. Er sieht und spiegelt es dem Kranken vor, dass dieser sich selber verletzen wollte. Am Ende findet der Arzt und der Kranke beide diese Sichtweise auch noch gut.

> "Ich, der ich schon in allen Krankenstuben, weit und breit, gewesen bin, sage dir: deine Wunde ist so übel nicht. Im spitzen Winkel mit zwei Hieben der Hacke geschaffen. Viele bieten ihre Seite an und hören kaum die Hacke im Forst, geschweige denn, daß sie ihnen näher kommt.""Ist es wirklich so oder täuschest du mich im Fieber?""Es ist wirklich so, nimm das Ehrenwort eines Amtsarztes mit hinüber." Und er nahm's und wurde still."

Aber niemand scheint bei alldem nur im Geringsten einen Schwindel zu bemerken. Nur warum macht sich der Arzt so schnell wie möglich aus dem Staube? Befürchtet er am Ende doch noch die Aufdeckung seiner Unfähigkeit und schlimmer noch seiner falschen Absichten?

I.6.2 Kafkas "Der Nachbar"

Hier ist Sigmund Freud *Traumdeutung* zu lesen

`http://www.gutenberg.org/files/40739/40739-0.txt`

`Hallo Hans-Peter,`

Habe deinen Freud excerpt versucht zu lesen... Naja habe nur verstanden was ich davon schon früher mal gehört hatte. Reichlich kompliziert. Da gefallen mir die griechischen Sagen doch besser. Und wie die Bibel Traumdeutung erklärt.

Kafkas Erzählung "der Nachbar" habe ich auf einer CD gefunden. Wenn man die CD track rip aufruft bekommt man einen mp4 file runtergeladen. Den schicke ich dir mal. Schreib mir ob du ihn abspielen kannst.

`Grüsse Franz`

`Lieber Franz,`

dank für die antwort, die ich in ähnlicher weise auch von Hanno bekommen habe.— Kafkas Nachbar war schon mal thema eines meiner wochenendseminare mit Sam Weber (1996) , es ging damals ums "Unheimliche" bei Freud - ein unheimliches voller ambivalenz, denn das [5] "heimlich-heimische" oder auch "heimelig-heimliche",— erweist sich beim näheren betrachten immer als Un-heimisch-unheimlich. (Vgl. den entsprechenden artikel von Freud). Das seminar stand damals unter dem eindrucks des Tods von Emmanuel Levinas, eines bedeutenden talmud-spezialisten und diskussionspartners von Jacques Derrida. Eine resonanz auf Kafka taucht in Sam Weber aufsatz von 2010 auf, den ich dir anhänge (Uncanny), auch wenn ich vermute, dass du das noch weniger verstehst als Sam Webers "tertium datur".

Was am "nachbar" wichtig ist, es ist der bezug zum TOD, der uns als Unheimlicher Gast (an tisch, bett u.a.) immer nahe ist und sich nie abweisen lässt... der taucht auch an anderer stelle

[5] H.P. schreibt "heim[e]lig-heim[l]i[s]che"

von Kafka immer wieder auf, z.b. als Odradek in Die Sorge des Hausvaters. (dieses "objekt" ist auch thema eines der berühmtesten kunstfotos von Jeff Wall, meinem lieblingsfotokünstlers.)

lghp

Hallo Hans-Peter,

Diese kleine Geschichte ist doch ein wundervolles Gleichniss für den unterschwellig ständigen Konkurrenzkampf im Geschäftsleben, in der Wissenschaft, und überhaupt im Beruf. So gesehen doch ein bischen Trost und Belustigung.

Alles Gute Franz

Lieber Franz,

Dein interpretationsansatz ist vertretbar, sofern man ihn in der tat auf die bürowelt, die angestelltenwelt und die kapitalistische verwaltung insgesamt anwendet (siehe die arbeiten des soziologen Max Weber und vor allem die studie von Siegfried Kracauer: Die Angestellten, 1929). Als angestellter der Arbeiterunfallversicherungsgesellschaft und deutscher jude in Prag mit seiner krankheit, der übermächtigen Vaterbindung und seinen verunglückten liebesaffären (Milena, Felicia Bauer...) war er gewissermassen der nachfolger von Herman Melvilles "Bartleby" (siehe Kafkas "Landvermesser", "Hungerkünstler", "Josefine"), der im schreiben hoffnung sucht. – ein "sein zum tode", wie vielleicht Heidegger sagen würde. Der bürgerlicher beamte, eingeklemmt zwischen bürgertum und arbeiterschaft, als ein fremder, entfremdeter, teil des absurden lebens. Du nennst das "belustigend"? Aber für Kafka war es vermutlich todernst: "Das Leben ... ist nur so lang, wie die Zeit, die du verlierst." (Fürsprecher).

Lghp

Hallo Hans-Peter,

mit "belustigend" als Reaktion auf diese Erzählung ist mir die Katze aus dem Sack geschlüpft. Es kommt heraus wie bequem ich mich schon in meine Rentnerperspektive eingelebt habe. Auch ich habe mal vor vielen Jahre Tag für Tag in einem winzigen Büro Schreibmaschine geschrieben, oder mir spärlich wenige brauchbare Erkenntnisse aus den Fingern gesogen.

Meinen Sprösslingen hätte ich wohl nicht gesagt, ich amüsiere mich über den paranoid machenden Konkurrenzdruck, der in dieser Kafkasche Geschichte als Karikatur gezeigt ist.

Grüsse Franz

Lieber Franz,

danke wieder für deine bemerkungen und deinen "Witz"! Und da ich gerade versucht habe, Sam Webers artikel über "tertium datur" in eigenen worten zu verdeutlichen, schicke dir das zur begutachtung. Vielleicht entdeckst du darin etwas neues? – auch das problem mit der Katze finde ich spannend, denn mich beschäftigt gerade das problem der unterscheidung von tier und mensch – oder mit Jacques Derridas worten: "Und wenn das Tier antworten würde?" (Derrida war auch ein leidenschaftlicher katzenliebhaber.)

lghp

Part II

Mein Vater, Thomas Turner und etwas Flötenspiel

II.1 Zwei alte CDs

Figure 1: Dr. Horst Rothe zum Andenken.

`Liebe Freunde,`

Hoffentlich stossen meine zwei CDs in der Post auf etwas Interesse. Was mit den *"Alten Aufnahmen aus der Jugendzeit"* geschieht ist noch nicht entschieden. Diese CD soll natürlich auch mit Mund zu Mund Propaganda weitergetragen werden. Die andere CD

"Dr. Horst Rothe zum Andenken"

enthält die Rede meines Vaters Dr. Horst Rothe, die er zu seinem 25. Dienstjubiläum als Direktor der Entwicklungsableitung von Telefunken 1952 gehalten hat. Diese CD ist erhältlich online bei

`https://www.cduniverse.com/productinfo.asp?pid=12375664&style=music`

und auf meiner website

`https://www.franzrothe.com/gallery/`

Auf der Forderseite der CD wie auf Seite 43 sieht man die wohl ansprechendste Fotographie von meinem Vater, die ich noch besitze. Man spürt all die natürliche Vitalität die ihm den beruflichen Erfolg während seiner langen Zeit bei Telefunken ermöglicht hat, und von der auch in seiner Jubiläumsrede und meiner kurzen Biographie die Rede ist. An das 25. Dienstjubiläum 1952 erinnere ich mich nur noch flüchtig. Wie es so ist, hat mich damals am meisten erstaunt zum ersten Mal eine Ananas zu Gesicht zu bekommen. Die Gesellschaften bei uns in Ulm waren fröhlich und lebhaft, es wurden recht gute Weine getrunken.

Mein Vater hatte sich inmitten des harten Lebenskampfes einer Firma durchgesetzt. Gegenüber dem Erfolg, der dort in ersten Linie zählte, waren aber aus der Sicht der Chefs sein wissenschaftlicher Weitblick, mag mir scheinen, nur Nebensache. Aus seiner Sicht waren Brummen und Wackelkontakte bei der Konstruktion von elektonischen Geräten nur lächerliche Kleinigkeiten, zu vernachlässigen im Vergleich zu dem tiefen Einblicke in die molekulare Physik vermittelnden Rauschen. Erst harte Arbeit, und insbesondere die Entwicklungen nach dem zweiten Weltkrieg haben seine frühen technischen und physikalischen Einsichten voll bestätigt. Am Ende zeigt sogar die kosmische Hintergrundstrahlung dass sich mit "Rauschen" am meisten messen und viel Neues erfassen lässt. Entsprechendes hatte mein Vater schon immer wiederholt gesagt. Eine Erkenntnis meines Vaters bezüglich des Baus von Elektronenröhren bestätigt sich so in analoger Weise sogar im astronomischen Masstab in Bezug auf die Kosmologie.

Ich vergesse nicht zu erwähnen dass mein Vater durchaus ein praktisch hochbegabter Ingenieur war. Ausser der hehren Wissenschaft war er auch cleveren Tricks niemals abgeneigt. Erst sehr viel später ist mir folgende Ankdote zugetragen worden. Er hat in den dreissiger Jahren bei Telefunken die Universalpentode entwickelt, die in vielen der damaligen Empfangs- und Sendegeräten zum Einsatz kam. Das ziemlich globige Röhrengebilde führte zu recht starken Verlusten und Störungen durch direkte Abstrahlung der Hochfrequenz. Mein Vater hat nun, entgegen der allgemeine Weise, die Röhre mit der Anoder nach unten nahe dem elektrisch leitendem Chassi montieren lassen. Durch diesen Trick wurde das Problem der Strahlungverluste erheblich verringert.

Seine Berufung zum Ordinarius an die TH Karlsruhe hat ihm endlich von dem vielen Kleinkrieg seiner ehemaligen Firma befreit, und es ihm ermöglicht seine allgemeinen und weitsichtigen Vorstellungen von der Wissenschaft der Hochfreuquenztechnik wirksam zu propagieren.

Wie das Leben aber so spielt, haben bald nach diesen beruflichen Erfolgen schwere Erkrankungen bei ihm selbst und seiner Frau ihn erheblich belastet. Schon seit seiner Übersiedlung nach Karlsruhe waren die gesellschaftlichen Kontakte spärlicher geworden, nun hörten sie notgedrungen fast vollständig auf.

Eine Ausnahme waren die alten Bekannten aus meiner Eltern gemeinsamer Berliner Vorkriegszeit, nämlich die Theaterleute Rottler. Das Ehepaar Lizi Rottler, Opernsägerin, und ihr Gatte, der weiterhin als Intendat am Badischen Staatstheater arbeitete. Ihre Tochter Marlies war gerade in ihrer Ausbildung zur Sängerin. Etwa gleichzeitig machten wir die Bekanntschaft des damaligen Studenten Klaus Rudolf Schubert, nachdem er sich interessiert erklärt hatte zuweilen einen Sonntag mit uns zu verbringen und mit mir damaligen Tertianer über Mathematik oder Physik zu diskutieren. Daraus entstand für mich eine lebenslang währende Freunschaft.

Und wichtiger noch, das Haus Rothe hat eine Ehe vermittelt, wie der Leser vielleicht schon etwas voreilig spekuliert haben mag. Das sind in etwa die Hintergründe für die beide CDs die ich aus den wenigen noch vorhandenen Resten dieser Alten Zeit und einigem Neueren zusammengestellt habe.

II.2 Die CDs mit Pianist Thomas Turner

Seit meiner Kinderheit bin ich mehr und mehr mit dem Spiel der Querflöte vertraut geworden. In North Carolina habe ich die Musikausbildung weiter betrieben. Während der Jahre 1992 - 2003 ist zusammen mit dem Pianisten Thomas Turner ein Repertoire erarbeitet und drei CDs eingespielt worden. Nur durch energische Ermutigung von Thomas und der Pianistin Heather Coltman sowie der Flötisten Irene Maddox und William Bennett sind diese Aufnahmen möglich geworden. Es waren für die Musiker Rothe, und vielleicht auch Thomas, goldene Jahre.

Wenn ich nun aus der eigener vergangener musikalischer Aktivität so eifrig noch ein Album mit zwei weiter CDs zusammengestellt habe, ist es eigentlich der alten Internatsdirektorin Sesemi Weichbrodt nachgemacht, die ihren alten Krempel zu Weihnachten nochmals schön einpackt und weiter verschenkt. Für mich selbst ist all das wegen meiner Sehschwäche Vergangenheit, so zerfallen wie die Familie Buddenbrook bei Thomas Mann.

Dennoch möchte ich einladen zum anhören von

"A Bouquet Inspired From Songs & Instrumental Music"

einladen. Dieses Paket von zwei CDs ist November 2019 erschienen. Die Liste der Stücke ist auf Seite 46 zu sehen.

Die CDs sind erhältlich online unter anderem bei

`https://www.cduniverse.com/productinfo.asp?pid=12304490&style=music`

Franz Rothe *flute and piano*,
Thomas Turner *piano*,
Andrea Hauk *flute*

A Bouquet Inspired by Songs

Franz Schubert (1797-1827)

1 Serenade *Moderato*

2 The fisher maiden *Allegretto*

Ludwig van Beethoven (1770-1827)

3 "To the far beloved" op.98 (1816)

Gabriel Fauré (1845-1924)

4 The cradles *Andante*

Eugène Bozza (1905-1991)

5 Aria (1971) *alto flute*

Claude Debussy (1862-1918)

6 Romance *Andante alto flute*

7 Here is spring *Andantino*

8 Mandolin *Allegretto*

Robert Baksa (*1938)

Flute sonata (1976)

9 *Allegro Cadenza I Adagio*

10 *Cadenza II Allegro*

A Bouquet from Classics

Ludwig van Beethoven

1 Rondo in G-major WoO 41

Benjamin Godard (1849-1895)

2 Legende Pastorale from "Scotch Scenes"
Andante quasi adagio

Ludwig van Beethoven

3 Rondo a capriccio in G, op.129
"The rage over the lost penny"

Camillie Saint-Saëns (1835-1921)

4 Odelette in D-major, op.162

Robert Schumann (1810-1856)

Fantasy pieces, op. 73

5 tender and expressive

6 lively, light 7 vivid and with fire

Eugène Bozza (1905-1991)

8 Aria (1971) *flute*

Francis Poulenc (1899-1963)

9 Sonata for flute and piano (1957)
Allegro malinconico Cantilena Presto giocoso

und auf meiner website

https://www.franzrothe.com/gallery/

Heute aus der Ferne erstaunt mich diese Kollektion aus den goldenen Jahren von Rothe und Turner durch die Energie und Genauigkeit der Darbietung. Professionelle Geschmeidigkeit ist fast erreicht. Die Sammlung überrascht mit (selbstverständlich) weniger bekannten eigenen Transkriptionen.

Um nicht bei meiner Wenigkeit stehenzubleiben, folgen einige Erklärungen. Es sei etwas über die vielerlei erstklassigen Aufnahmen dieser Stücke hinzugefügt. Vielleicht ergibt sich daraus auch die eine oder andere Anregung zu einem Geschenk.

Schubert Lieder

1. Serenade, D. 957, No. 4
2. Das Fischermäädchen, D. 957, No 10

Die Lieder "Ständchen" (Serenade) und "Das Fischermädchen" sind No.4 und No.10 von Schuberts Zyklus *Schwanengesang*, D 957. Die Bearbeitungen für Flöte stammen von Theobald Böhm, dem Konstrukteur der modernen Flöte. Es sind teils virtuos verspielte Fantasien über diese Lieder.

Beethovens Liederzyklus

3. An die ferne Geliebte, Op. 98

Gabriel Fauré Lied

4. "Les Berceaux", Op. 23, No. 1

Gabriel Fauré (1845-1924) war einer der bedeutensten Liedkomponisten im Frankreich der Jahrhundertwende. Das Lied "Les berceaux" beweint und besingt den Trennungsschmerz der Seefahrer, wenn sie in See stechen müssen und Frauen und Kinder zu Hause zurücklassen.

Eugène Bozza

5. Aria for Alto Flute and Piano

Dieses Stück gibt es ursprünglich schon in mehreren Versionen: In sehr hoher Lage für Geige oder Flöte und in tieferer Lage für Klarinette, oder sogar für Alt Saxophon. Ich habe selber das Stück in eine Lage für Alt-Querflöte transponiert. Ausserdem auch eine zweite Version für Flöte in bequemerer Lage erstellt. Dabei habe ich den Klavierpart umgeschrieben, mit dem Ziel ihn leichter spielbar zu machen.

Unter Bozza Aria findet man auf dem internet viele Aufnahmen wie z.B.

https://www.bing.com/videos/search?q=bozza+aria&&
view=detail&mid=B748CAF23951473888C1B748CAF23951473888C1&&FORM=VRDGAR

Claude Debussy Lieder

Von den *Acht frühen Liedern* können wir hier hören
6. Romance: l'âme evaporée (eight early Songs: No.7)
gespielt mit Altquerflöte und Klavier
7.Voici que le printemps (eight early Songs: No.6)
8. Mandoline (eight early Songs: No.4)
gespielt mit Querflöte und Klavier.

Robert Baksa

9. Flute Sonata No. 1: Allegro Cadenza I Adagio
10. Flute Sonata No. 1: Cadenza II Allegro

Robert Baksa wurde 1938 in New York City geboren und ist ungarischer Abstammung. Er ist einer der produktivsten amerikanischen Komponisten. Eine seiner frühesten Werke für Flöte ist die Flute Sonata #1. Sie ist 1976 entstanden, wurde aber erst in den späten 1980 Jahren uraufgeführt. Sie ist unter den Gewinnern des 1994 Newly Published Music Competition, eines von der National Flute Association gestifteten Preises.

Eine ausgezeichnete Aufnahme von Baksas Flötenmusik ist die folgende CD:
Robert Baksa: Flute Music by Katherine Fink, Elizabeth DiFelice
—12 Tracks—1:05:38 Released 2004

Beethoven

11. Rondo in G-Major, WoO 41

Benjamin Godard

12. Legende Pastoral aus dem Zyklus "Scotch Scenes"

Die Wut über den verlorenen Groschen

13. Rondo a Capriccio in G, Op. 129

Beethovens "Die Wut über den verlorenen Groschen" hat mir damals viel Spass beim Spielen gemacht. Thomas schreibt mir noch:

Franz, die beiden CDs sind gestern angekommen. Danke schön! Ich habe sie noch nicht angehört, werde es aber bald tun. Auf jeden Fall meine ich, du solltest klarstellen *wer* Beethovens Rondo a Capriccio, Op. 129 spielt. Nur so kann der Hörer das mit Sicherheit wissen. Ich nehme an, Du spielst es, aber natürlich könnte es der zweite Flötist sein, wer weiss? Du hast wirklich ein gut Teil der besten Stücke auf die CDs gebracht!

Man findet auf dem internet unter dem Spitznahmen "Die Wut über den verlorenen Groschen" viele ausgezeichneten Aufnahmen. Der ursprüngliche Titel ist Rondo a capriccio, Op.129. Beethoven hat diesen "Hit" 1795 komponiert.

Robert Schumanns Fantasiestücke

15. Fantasiestücke, Op. 73, No. 1: Zart und mit Ausdruck
16. Fantasiestücke, Op. 73, No. 2: Lebhaft, leicht
17. Fantasiestücke, Op. 73, No. 3: Rasch und mit Feuer

Von Robert Schumann selbst gibt es die Fantasiestücke op. 73 in Versionen für Cello alsauch für Klarinette. Die Sätze sind deutsch überschrieben

- Zart und mit Ausdruck
- Lebhaft, leicht
- Rasch und mit Feuer

Für die eigene Adaption für Flöte brauchte ich nur in der Melodiestimme die geeignete Oktave wählen. Die schärfere, auch für Flöte passende Artikulation der Synkopen am Anfang des dritten Satzes ist von der Celloversion übernommen.

Eugène Bozza

18. Aria for Flute and Piano

ist etwas tiefer und bequemer gesetzt als die urspüngliche Version. Der Hörer mag vergleichen.

Francis Poulenc

19. Sonata for Flute and Piano: Allegro malinconico Cantilena Presto giocoso

Von Poulencs Flötensonate gibt es viele ausgezeichnete Aufnahmen, angefangen mit dem Original von 1957, gespielt von Jane Pierre Rampal und dem Komponisten.

`https://m.youtube.com/watch?v=0aIeWmZBUL8`

`https://www.youtube.com/watch?v=0aIeWmZBUL8&app=desktop`

`https://www.youtube.com/watch?v=2T0Zv7rPPfo`

Von den neueren Aufnahme hat mich beeindruckt

Poulenc : Sonate pour Flute et Piano etc.
Mathieu Dufour Released 12/15/2010 — 1:00:56

Poulenc: Flute Sonata
by William Bennett, Clifford Benson — 13 Tracks — 59:22 Released 2003

Debussy - Poulenc - Ravel - Roussel: Musique française pour flûte by Sandrine Piau; Patrick Gallois; Jean-Pierre Rampal; Emile Naoumoff — 13 Tracks — 1:08:19 Released 2012

II.3 Meine Bearbeitung für zwei Flöten

14. Odelette, Op. 162 (Arr. for two Flutes and Piano)

Das Konzertstück *Odelette* in D-Dur ist ein spätes Werk von Camillie Saint-Saëns (1835-1921). Es ist 1920 entstanden, und ursprünglich für Flöte und Orchester gesetzt. Der Satz hat einen klaren Aufbau und basiert auf einer Melodie von klassischer, sogar griechischer Färbung. Der Flötenpart ist reich an verspielten und virtuosen Verzierungen.

Ich habe dieses Musikstück um 1998 kennengelernt, während der Jahre als ich regelmässig mit dem Pianisten Thomas Turner gemeinsam musiziert habe. Das Stück hat einen einfachen und zugleich verspielten Charakter, und gefiel mit in seiner Art sofort. Der Flötenpart ist anspruchvoll genug, zugleich schien mir alles mit einiger Mühe zu schaffen. Aber Thomas war sehr reserviert, vor allem wegen der Transkription für Klavier. In der Tat enthält diese recht viele einstimmige Melodielininen, sehr ungeschickt und ergibt keine rechte Entfaltung des Klavierklanges.

Anstelle darauf zu bestehen die Version für Flöte und Klavier zu üben, machte ich mich daran das Stück für zwei Flöten und Klavier umzuschreiben. Der einfach klassische Stil des Stückes gab mir das Vertrauen zu solch einem Unterfangen. In der Version für Flöte und Klavier existieren bereits Variationen vom Charakter eines Duettes. Obendrein wurden durch die Verteilung auf zwei Flöten die langen virtuosen Läufe viel besser zu bewältigen. Natürlich entstanden bei der Transkription noch weitere Probleme. So wurde es nötig, einige zusätzliche Teile des Generalbasses zu erfinden, und Stimmen neu zu verteilen.

Nach ein paar Monaten solcher Arbeit, brachte ich eine Transkription zustande. Wir spielten sie zusammen mit Andrea als zweite Flötistin und Thomas. Ich habe die Aufnahme davon an einen Musikverlag geschickt. Dank Vermittlung ist das Manuskript angenommen worden und nun erhältlich bei den beiden online Quellen

`https://www.allflutesplus.com/product/`
`saint-saens-odelette-opus-162-two-flutes-and-piano-alry/`

`https://www.justflutes.com/charles-camille-saint-saens-odelette-product1406702.html`

Hier noch eine Bewertung durch Chris Hankin vom staff von Just Flutes:

Staff Pick "Music for Friends!"

Was könnte netter sein, als gute Flötenmusik mit ein paar Freunden zu musizieren, besonders ein Stück das Sie als Solo schon kennengelernt haben? Diese Bearbeitung ist ansprechend, erfasst all die Farbigkeit und Lebendigkeit von Saint-Saëns Original, aber verteilt die Last auf zwei Spieler. Ein Teil des Klavierparts ist vereinfacht um den Flöten mehr zu tun zu geben. Die Gesamtwirkung bleibt dabei erhalten. Wirklich eine grossartige Bereicherung des Repertoirs für zwei Flöten. Es wird Ihnen gefallen!

Darüberhinaus gibt es jetzt eine Einspielung mit zwei erstklassigen Flötistinnen auf ihrer CD
Luminance
by Lisa Friend, Anna Stokes, Mark Kinkaid—13 Tracks—1:06:06
Released 2014, Champs Hill Records

Hier ein Kritik aus amazon:

Ich habe diese wundervolle CD für meine Tochter gekauft, weil ich meinte es würde sie inspirieren und ihr eigenes Flötenspiel und Üben verbessern. Ich hätte keine geeignetere CD auswählen können. Sie hat sie wieder und wieder angehört und übt nun wie verrückt. Meine Tochter und ich sind vollkommen verliebt in das Titelbild,—und das Flötenspiel ist gerade so schön.

Im Gedenken an meinen (kleinen) Betrag, könnte ich mir vorstellen, im Hintergrund des Titelbildes zu erscheinen. Beispielsweise; als ein kleiner Zwerg auf einer Wolke sitzend, während ich aus der Ferne beobachte wie die klaren Flötentöne regelmässig wie Regentropfen aus zwei Wolken, von den Mündern der beiden Nymphen quellen.

Die Version für zwei Flöten und Klavier aus der CD "Luminance" ist zu hören online bei

`https://youtu.be/U1g2Xr9sTtc`

Die Originalversion für Flöte und Orchester ist erhältlich bei

`https://youtu.be/i2EaLV2NhVY`

`https://youtu.be/c1K7Gx54NXs`

`https://youtu.be/qhNSJP57xwA`

Die Version für Flöte (William Bennett) und Klavier (Clifford Benson) ist zu hören bei

`https://youtu.be/JNbnOC9Ga54`

www.ingramcontent.com/pod-product-compliance
Lightning Source LLC
Chambersburg PA
CBHW080849190726
48292CB00010B/2930

* 9 7 8 1 9 5 5 0 7 0 2 2 5 *